大夏书系·新教育实验文丛

余国志 编著

新教育的
理想和行动

华东师范大学出版社
全国百佳图书出版单位

目录

前言　新教育实验：教育世界里的理想国 — *001*

第一章　直挂云帆济沧海——过一种幸福完整的教育生活

　　实现新教育理想之梦　— *003*

　　新教育孕育的历史时机：昨日和明日　— *009*

　　让师生拥有智慧
　　　　——朱永新和他的新教育实验　— *014*

　　新希望工程：一场对抗教育异化的实验　— *024*

　　聚焦新教育实验：把分数教育变成心灵的教育　— *033*

　　总得有人去擦星星　— *037*

第二章　低手亦可摘星辰——总得有人去擦星星

　　教育随笔让老师看学生的表情变了　— *047*

　　教给孩子一生有用的东西　— *053*

　　解析新教育理想课堂三境界　— *062*

完美的教室　靠完美课程实现　— *066*

让每一间教室无限长大
　　——区域推进"完美教室"项目的实践与思考　— *068*

第三章　我以我手写我心——书写教师的生命传奇

创造完美教室　— *073*

点燃教师以教育家情怀育人的圣火　— *080*

于洁：坚守 24 年，为的是让学生幸福
　　——记昆山市葛江中学教师于洁　— *084*

做织网的"夏洛"　— *089*

"中国雷夫"常丽华　— *100*

第四章　众人拾柴火焰高——熬出一锅鲜美的"石头汤"

激活众学校创新无限
　　——一位学者的梦想剧场激活众学校创新无限　— *107*

新教育实验给师生带来了什么　— *111*

新教育的"庆阳实践"　— *115*

新教育"试验田"里树起"千灯标杆"　— *119*

为学生一生的发展"打底"
　　——山东省诸城市推进新教育实验行动纪实　— *123*

乡村新教育的随县样本
　　——新教育随县实践的观察与思考　— *128*

被"夏洛"们改变的世界
　　——焦作新教育实验 7 年再扫描　— *134*

让羌乡孩子过"幸福完整的教育生活"
　　——北川深化教育改革综述　— *139*

第五章　风景怡人独向好——相信种子　相信岁月

新教育，打造麦田里的守望者　— *145*

走出中国教育自己的路　— *152*

行动的和理想主义的
　　——一个家长眼中的朱永新和他的新教育　— *157*

新教育实验利于弘扬传统文化　— *163*

为基层教育实验点赞　— *166*

新教育实验：像农夫一样守望教育的田野　— *171*

突破关键因子，闪耀素质教育之光
　　——我眼中的新教育实验　— *177*

第六章　风物长宜放眼量——新教育永远在路上

新教育实验能走多远　— *183*

一场理想和现实的争辩
　　——苏州"新教育现象"之三　— *190*

新教育实验能否走得更远　— *194*

新教育实验再出发　— *200*

新教育实验　— *207*

一场教育实验生发的故事与思考　— *215*

回到教育最初的起点
　　——专访新教育研究院院长李镇西　— *224*

后　记　— *231*

前 言

新教育实验：教育世界里的理想国

新教育实验是一个以教师成长为起点，以营造书香校园、师生共写随笔等"十大行动"为途径，以帮助新教育共同体成员"过一种幸福完整的教育生活"为目的的教育实验。其因草根性、实践性、引领性以及可操作性，在全国得到诸多学校、师生以及教育工作者的关注，掀起了一股新教育实验的热潮，有着广泛而深刻的影响力，被誉为中国教育的"新教育现象"。新教育实验自2000年《我的教育理想》萌芽、2002年教育在线网站开始汇聚和第一所新教育实验学校正式启动以来，共计有100余家教育机构与媒体用近千万的文字，见证了新教育的成长、发展与壮大。

一 全息图像：媒体眼中的新教育实验究竟是什么样的

透过对媒体报道新教育实验林林总总的资料进行分析、概括和提取，不难发现，有这样一些关键词映入我们的脑海，精准地描述着新教育实验——"新希望工程""理想的教育""幸福的教育""基因修复工程""素质教育""人的教育""心灵的教育"。新希望工程，意蕴着新教育不仅是中国教育的新希望、新未来，而且是中国教育的新工程，是继解决学生有一张课桌一个校园的"希望工程"之后，有一颗健康的心灵、一种幸福完整的教育生活的"新希望工程"。

其中理想的教育,意蕴着新教育回到了教育的原点和本真,是做真教育和真做教育。幸福的教育,意蕴着新教育以过一种幸福完整的教育生活为核心理念,是让人幸福的教育。基因修复工程,意蕴着新教育是对中国优秀传统文化的选编,是真正教出中国文化根本精神的教育。人的教育,意蕴着新教育是为了一切人、为了人的一切、一切为了人的教育。

这些关键词,不仅基本勾勒出新教育的自身图像,而且指向了教育的未来"乌托邦";不仅直抵教育本质,而且揭示了教育的应然样态。它来源于对新教育实验的认知和理解,一方面表达了对新教育实验理念、质量和成效等的客观解读与界定;另一方面,则意蕴着对当下教育的思考、批判及对教育的理想与愿景。

然而,仅仅依靠这些关键词,我们对媒体眼中的新教育实验的图像或许还比较模糊。想要获得清晰的图像,还应该直抵其自身,即新教育实验到底有哪些耀眼的光芒闪耀在教育的天空里?

一是行动性。本质而言,教育即是行动,即是实践。新教育实验从来就不是关在屋里闭门造车的理论研究,而是彻彻底底的行动研究。它不唯高深的教育理论为圭臬,它推崇实践是检验真理的唯一标准。在新教育实验看来,只有行动,才有收获;只有坚持,才有奇迹。新教育实验认为,教育的现场在一线,教育的财富在基层,教育的智慧在民间,教育的思想源泉在实践。这与有些教育实验有着明显的区别,也是新教育实验能燎原的重要原因。正如新教育实验发起人朱永新教授所言:"如果一种教育思想不能落地,那么对于教育实践又有什么意义呢?"多年来,我国的教育改革多停留在概念上,教育的现实与社会的需求反差很大。新教育的实践有别于学院派研究、行政化实验,是第三条道路,寻求自上而下与自下而上的结合。新教育实验反映出一种文化路向,突破学者封闭的研究,有着广泛的参与,调动了一线教师的热情,具有极强的可操作性,形成了广阔的实验场。它是行动研究,在行动中研究行动,不求无懈可击的理论体系,而是先行动起来,在实践中完善思考。它始终以营造书香校园、师生共写随笔等"十大行动"为途径,以事实说话,以故事言说,植根于校园,扎根于师生的教育生活。

二是草根性。新教育实验自发起之日起，就一直走属于自己的草根道路。它一直都是非政府组织（NGO），自筹经费，自发组织，独立开展研究和实践，独立提出自己的教育主张和思想。新教育实验发起人朱永新教授说："我认为新教育实验是民间的、草根的，不同于官方的新课程改革，也不同于学院派（学者推动）的教育改革，大部分学院派的路子是拿着既成的观点、理论、方法去学校尝试、推广。但新教育不是如此的，我认为新教育是一锅'石头汤'，是我们和一线的教师一起来开展的教育改革。我只是用一种梦想和激情去寻找拥有同样梦想和激情的人，寻找'尺码'相同的人，大家一起来思考、行动。"作为一个政府官员，在组织开展新教育实验的过程中，朱永新一直坚持两个原则：第一，不用行政身份和资源；第二，不占用工作时间等。新教育实验的发起和发展本质上反映了当代中国社会发展进程中国家力量之外的民间社会的觉醒。如果要说它有背景，那么它的最大背景就是千千万万扎根在中国教育一线的基层教师和学生以及校长。

三是综合性。新教育实验从来就是一个完整的教育改革体系。它不是局部的，也不是部分的，而是涉及整个教育改革领域。新教育实验的内容没有局限于某一学科、某一领域。它是一种整体性的教育生活改造，通过改变教师的行走方式，改变学生的生存状态，改变学校的发展模式，改变教育的科研范式。既有教育理论，也有教育实践；既有课程研发，也有教学研究；既有学习方式变革，也有行为习惯养成；既有实验基地校，也有教育研究院；既有社会人员参与，也有专家支持；既有行政力量，也有民间自发；既有一线教师，也有学生参与；既有学校，也有监狱；既有来自国内的关注，也有来自国外的报道。新教育实验的出发点在于进行"教育共同体及其生活世界改造"。特别是新教育实验的"十大行动"（营造书香校园、师生共写随笔、聆听窗外声音、建设数码社区、培养卓越口才、构筑理想课堂、推进每月一事、缔造完美教室、研发卓越课程、家校合作共建），不仅构成一个从教师到教室、从课程到课堂、从学校到家庭的逻辑自洽的闭环，而且把这些教育要素有机地整合成一个从社会到家庭再到学校、从学校到教师再到学生、从理论到实践再到行动的教育圆环。如此，两个圆环环环相扣，构成一个完整的教育生态系统。

四是公益性。新教育实验从其诞生之初起就强调公益性。新教育实验不向实验学校和个人收取任何管理费用。"新教育的公益是以提高中国（特别是边远地区以及农村）儿童的阅读能力以及中国教师的专业化水平为核心目标，先后开辟了贵州新教育推广项目、新教育童书馆项目、新教育移动图书馆项目、完美教室项目、毛虫与蝴蝶儿童阅读推广项目、新教育种子教师计划、新教育萤火虫亲子共读等一系列公益项目。从2003年至今，新教育人的足迹一直在西部跋涉，'灵山——新教育西部行'活动一直没有中断，陕西定边、宁夏中宁、四川遂宁、内蒙古阿兰旗、新疆奎屯、贵州凤冈、遵义、威宁等地都留下过新教育人的足迹。""汶川大地震不久，新教育人就前往重灾区四川北川进行培训，送去了灾区儿童急需的童书、音乐盒等，为孩子医治心灵的创伤，并且在那里建立了新教育实验区。"2010年，新教育实验为倡导及推动实验发展，还成立了一家专业从事公益助学助教服务的非公募基金会——江苏昌明教育基金会（即新教育基金会）。如今，它已经成为国内著名的教育公益组织。

五是传承性。朱永新说："新教育应该说是一种传承，是过去好的思想、好的理念、好的方法在当代新的实践、新的传承。"新教育认为，最好的教育是审视自身的文化，并对文化进行过滤、甄选，把文化中的创造、开放、包容等优秀内容传授给下一代，把这种经过筛选和过滤的文化变成他们的精神家园，让文化借他们而得以自新、日日新，重新显现上述的这些根本精神。所以，好的教育应该有文化的自觉与自我省察。在此基础上，新教育实验自觉地把中国文化作为自己安身立命之所，作为教育的根基和创造之源。通过我们的努力来推动文化的自我创生，让中国文化的根本精神在我们这个时代重新显现并焕发青春，在我们身上真正地活起来。正是在这个意义上，新教育实验让中国数千年的传统文化得以"回归"和"修复"。

除了植根于中国优秀传统文化的沃土，新教育的理论丰富多源，既有西方新教育的思想传统，又有中国教育家陶行知、蔡元培、黄炎培、陈鹤琴、叶圣陶等人的思想与实践，还借鉴了20世纪以来中外教育改革的理念。可见，新教育实验不是抛弃，而是继承和弘扬。新教育是在吸纳人类文明精华，尤其是教育哲学精华的基础上，再次重建以儒道为根基和核心的教育哲学，使教育变革和思考深深扎根中华优秀传统文化的土壤中，成为传统的继承者、弘扬者以及践行者。

六是学术性。新教育实验认为，教育源自实践，理论从来不会凭空产生。因此，只有教育实践，才会产生有效的教育理论。但是如果没有理论的自觉，没有理论的指导，新教育是走不远的。因此，新教育始终以学术作为生命线，以教育实践来检验教育理论的有效性。新教育实验始终站立教育理论前沿，以教育实践为依托，把学术作为新教育立身之本，不断丰富自身的教育理论体系。多年来，新教育的学术建设不断加强。发起人朱永新是一位博士生导师，是新教育学术建设的领航人。新教育核心团队几十人，大部分拥有博士学位。广大实验区（校）的积极行动和主动创造已经成为新教育学术繁荣发展的实践源头。新教育成立了中国陶行知研究会新教育分会、学术委员会、新阅读研究所、新家庭教育研究院（新父母研究所）、新评价与考试研究所、新职业教育研究中心等实验研究机构和组织。这些研究机构和组织是新教育实验研究的专门部门，汇聚了相关领域的专家及研究人员，从事学术研究，确保新教育实验的学术品质。

二 逻辑根基：媒体报道新教育实验背后的教育逻辑是什么

要彰显媒体报道的公信力和可信度，就必须分析这些报道背后的逻辑与被报道对象的逻辑之间的关系。仅有媒体报道是不够的，所以必须挖掘报道背后的逻辑。新教育实验自发起开始，就吸引了媒体的眼光。从整个报道的时间轴来看，其遵循"大事件"到"大事链"、从事实到价值、从单一到系统、从现象到本质的逻辑。媒体报道的逻辑，其实就折射出新教育实验自身的教育逻辑，其通过媒体报道而得到显现。那么，新教育实验独特的教育逻辑是什么呢？

1. 起点逻辑——教师成长。新教育实验是以教师成长为逻辑起点的教育实验，在这一点上，与其他教育实验存在本质的区别。之所以以教师为逻辑起点，是因为在新教育看来，教师是决定教育教学品质的关键要素和核心变量。站在讲台上的人，决定教育教学的质量。没有高品质的教师，就没有高品质的教育。在教育教学中，教师是课程，是资源，是教学的指导者、实践者和引领者。因此，无论是学生还是教师自身，要达成幸福完整的教育生活目的，都离不开教师的成长。一方面，教师的成长助力教师自身的职业认同；另一方面，教师的成长助力学生的身心发展。

2. 路径逻辑——田野行动。新教育认为，教育是做的哲学，是行动的哲学，更是实践的哲学。教育要从实践中来，还要到实践中去。所以，新教育实验确立了以"营造书香校园、师生共写随笔"等"十大行动"为途径。"十大行动"的确立，就是要"真"做新教育和做"真"新教育。"真"做新教育，概言之，就是做实实在在的、扎根田野一线的教育现场。新教育认为，教育实践和教育现场是教育生发的第一场域，所以要把新教育的行动逻辑贯彻到底，像农夫一样守护教育的田野。做"真"新教育，就是要遵循教育一般规律，去开展、推动、研究、建设、改进新教育。如新教育根据儿童成长规律研发的毛虫与蝴蝶课程，根据教师成长规律研发的"专业阅读+专业写作+专业交往"三专模式，根据学生成长规律研究出"道德人格发展图谱"和"晨诵、午读、暮省"的新教育儿童生活方式等。

3. 目的逻辑——幸福完整。德国教育家雅斯贝尔斯指出："真正的教育应当首先获得自身的本质。"新教育自发起以来，由一个人的念想到一群人的行动，由偏于一隅到遍布全国，由生于毫末到合抱之木，已成为影响最广、规模最大的民间教育改革。它用不断唤醒人们的方式，通过用激情点燃激情、梦想推动梦想的方式，寻找着"尺码相同的人"，在逐渐发展壮大的过程中生成其本质：幸福完整，并以过一种幸福完整的教育生活为核心理念，强调教育本质上是一种特殊的生活方式。这种特殊的生活方式在于：不仅教育的结果是幸福的，而且教育的过程更应该是幸福的。同时，新教育实验认为仅仅幸福是不够的，还需要培养完整的人。完整的人，首先是人的幸福的完整。其次，是人的身心的和谐完整。再次，也是最重要的，是让人成为最好的自己。所以，新教育实验明确提出，教育要为了一切的人，为了人的一切，主张把人作为手段而不是目的，真正朝向幸福完整的人。因为教育的本质是帮助每个人过上幸福的生活，所以这种帮助人幸福的教育本身更理所当然是幸福的。如果教育生活本身不幸福，教育就背离了本质，失去了应有意义和存在价值。在这个意义上说，新教育对教育本质的理解在于教育生活的幸福完整。教育生活的幸福完整，就是回归教育本真，是对教育本质的还原。

以教师成长为起点逻辑，经由田野行动的路径逻辑，抵达幸福完整的目的逻辑，新教育实验的三大逻辑恰好构成教育逻辑的圆环。

三　忧思启示：新教育实验为中国教育探路

总体而论，通过媒体对新教育实验的报道，我们不难看出，新教育实验对中国教育最深远的影响或者说最大的贡献在于：汇聚了一大批有教育梦想的教师，点燃了一大批教师的激情，唤醒了一大批教师的理想。在这些教师的影响和施教下，新教育实验的彼岸是一群又一群长大的学生，从他们身上能清晰地看到：政治是有理想的，财富是有汗水的，科学是有人性的，享乐是有道德的。

然而，尽管新教育实验取得了巨大的成绩，但若将其放置在整个教育改革的时空背景下，它显然还是一个新生事物。但是，不可否认的是这样一个客观事实：纵观中国教育史乃至世界教育史，还没有哪一个民间教育改革的参与人数、覆盖范围、影响纵深和受欢迎程度能与之相比。在这个意义上说，新教育实验既是21世纪民间教育改革的先锋和典范，也是中国民间教育改革的砥柱和旗帜，不仅客观上推动教育改革事业的历史进程，而且也为中国教育问题的解决提供了一个可行性方案和可供借鉴的样本。正是从这个意义上说，新教育的前行，与其说是一场教育的嬗变，不如说是为中国教育探路。

我们都深深期待着！

余国志于北京朝阳
2018 年 10 月

第一章

直挂云帆济沧海
——过一种幸福完整的教育生活

导读：

本章主要选择介绍新教育实验顶层设计等方面的文章，包括新教育的缘起、目的、本质、理念、主旨、构想、内涵等。通过该章，我们不仅可以看到媒体对新教育实验的概览介绍，更重要的是，还可以了解到媒体对新教育实验主旨的描述，如"新希望工程""心灵的教育"。这种描述，不仅反映了媒体对新教育的基本认识，而且是对新教育实验本质的一种别样解读。

长期以来，教育为了什么，是教育的价值本体论问题，也是教育的根本性问题。对教育目的和价值的认知，决定了教育实验的基本思想。对此，朱永新教授不仅作出"教育的目的是为了一切人，为了人的一切"的回答，而且用建设性的行动开辟了中国教育改革的一片新天地。正是在这种理念的指引下，朱永新教授才萌动了发起对中国教育有深远影响力的新教育实验的初心。

与其他教育改革不同，新教育实验以教师成长为起点，以"十大行动"为途径，帮助师生过一种幸福完整的教育生活。它的逻辑起点是教师，宗旨是幸福完整。不难看出，它是围绕"教师"大做文章，认为仅仅围绕课程或者学生是远远不够的。在中国的教育现状下，教师是决定教育教学质量的重要因素，因而不能忽略教师这个教学主体。事实上，教师的作用远远超出我们的预想。从一定意义上看，有什么样的教师，就有什么样的学生，也就有什么样的教学。因而，帮助教师成长，实现其专业发展，就理所当然地成为新教育实验的逻辑起点。但什么是好教师？怎样帮助教师专业成长？如何实现教师自身发展？这些都是摆在新教育实验面前的重要课题。

伟大的时代孕育伟大的思想，伟大的思想激荡出伟大的理想，伟大的理想造就伟大的教育事业。正如朱永新教授指出的："教育是需要理想的，教育是属于理想的事业。"新教育人把教育的理想境界描绘为：学生享受成长快乐的理想乐园；教师实现专业发展的理想舞台；学校提升教育品质的理想平台；学生、教师、学校共同发展的理想空间。如今，新教育实验正朝着这一理想目标，阔步昂首前进！

实现新教育理想之梦

7月的江南，骄阳似火，副热带高压在这里的上空盘旋，久久不散。

然而，位于江苏省东边富裕而宁静的小城——昆山市，却出现了比持续高温更为旺盛的人气。

7月21—23日，在昆山玉峰实验学校召开的"新教育实验2003年首届研讨会"原先是按200人的规模准备的，可是到会议正式开幕这天，竟然一下子来了400多位代表，以至于昆山市教育局负责会务工作的储昌楼一连几天拎着那只"现场办公"的公文包奔前跑后，手忙脚乱。

那么，新教育实验究竟是一个怎样的实验，它凭借什么吸引了众多的"自愿者"呢？

仅有教育理想是不够的

新教育实验是一个追逐教育理想的实验。它的主持者，是全国政协常委、苏州市副市长、苏州大学博导朱永新教授。

2001年，本报发表过一篇长篇通讯——《一位博士副市长的教育理想》。让人始料未及的是，朱永新的"教育理想"在教育界掀起了一股"理想旋风"，在短短一年时间，他的教育理论专著《我的教育理想》竟重印了5次。

富有理想和激情的朱永新并没有就此止步。在众多朋友的鼓励下,尽管工作很忙,他很快开始了"把理想系列进行到底"的工作。在对较早撰写的《我心中的理想学校》《我心中的理想教师》《我心中的理想校长》《我心中的理想学生》《我心中的理想父母》五个理想系列进行修订的基础上,朱永新又进一步撰写了《理想的德育》《理想的智育》《理想的体育》《理想的美育》《理想的劳动技术教育》等文章。2002年7月,这些体现朱永新"新教育观"的文章被人民教育出版社结集为《新教育之梦》。

朱永新说,教育这个职业在本质上就是理想的事业。从中国教育现状来看,我们的教师缺少了一点诗人的气质,缺少了一点理想的追求,缺少了一点青春的活力,缺少了一点创造的冲动,这一切都与理想有关。一个没有理想的人不可能走得多远,一所没有理想的学校也不可能走得多远,一种没有理想的教育更加不可能走得多远。

但是,仅有教育理想是不够的。在《新教育之梦》一书的序言中,朱永新讲述了一个令人震撼的真实故事。

英国一个名叫布罗迪的退休教师,在布满尘埃的阁楼上整理旧物时,发现了一叠发黄的旧练习册。它们是皮特金幼儿园B(2)班31个儿童的习作,作文的题目是"未来我是____"。31个儿童有31个梦想,有想当总统的,有想当驯狗师的,有想当领航员的,有想当王妃的……

布罗迪突发奇想:把这些本子重新发到儿童手中,让他们看看现在的"我"是否实现了50年前的梦想。他在报纸上刊登了一则启事,不久,一封封带着问候、带着对童年梦想好奇的回信送到布罗迪的手中。他们中有功成名就的学者、企业家、官员,更多的是平平凡凡的普通人。

一年过去了,布罗迪手中只剩下盲童戴维的作文本。他写在作文本上的梦想是当一名内阁大臣,他认为,在英国历史上还没有盲人进入内阁的先例,自己要创造历史。正当布罗迪猜测着各种可能,满怀遗憾地准备把作文本送进一家私人博物馆时,他意外收到英国教育大臣的来信,信中内容让他大吃一惊的同时也感动万分。

信中说，那个叫戴维的就是"我"，感谢您还为"我"保存着儿时的梦想。不过，"我"已不需要那个本子，因为从那时起，"我"的梦想就一直存在"我"的脑子里，没有一天放弃过。50年过去了，可以说，"我"已实现了当初的梦想。今天，"我"还想通过这封信告诉其他的30位同学，只要不让年轻时的美丽梦想随岁月飘逝，总有一天，成功会出现在你的面前。

戴维的行动使朱永新获得启迪：谁在保持梦想，谁就能梦想成真；谁能不懈地追寻理想，谁就能不断地实现理想。

理想是个火炬，可以凝聚起那些有共同理想的人。"让我们一起来！"2002年，朱永新和李镇西、袁卫星、焦晓俊、卢志文等一批年轻人开始了将理想付诸实践的行动。

新教育实验新在哪里

新教育与旧教育的分歧，几乎所有想创新的教育家都讨论过。

进入21世纪，中国的教育如何发展，如何建构具有时代特征的"新教育"，成为众多有识之士深切关注的重大论题。有学者提出，新世纪新教育的三大特点为和平发展教育、终身素质教育、科学人文教育；有学者提出，新教育必须真正树立培养"走向世界的中国人"的意识和理想；有学者提出，新教育必须体现工业化教育向信息化教育转变的特征，即技术平台的变化、教育目的的变化、教育内容的拓展、教育方式的丰富、教育时空的开放、教学关系的重建、评价标准的改变等。

朱永新的新教育之梦，则是针对目前中国教育的现实和困惑而提出的。

中国的教育缺什么？有人说，缺钱；有人说，缺人才；有人说，缺公平；也有人说，缺优秀的教育理念……但在朱永新的思考中，中国教育还缺服务意识、人文关怀、个性特色、理想追求。因此，他所主持的新教育实验课题，便提出了这样一些关键词：

新教育理论的实践及推广研究是行动研究。本课题以马克思关于人的发展的学说、苏霍姆林斯基"个性全面和谐发展"的理论、罗杰斯的人本主义教育理论、陶行知的创新教育和民主教育理论为理论支撑，以《新教育之梦》一书中集中体现的新教育理论为理论指导，在具体策划与实施中着力于"校园""社区"的建设，以"成长""超越"为本质追求，在"全方位教育""全程教育"中实现"全人教育"。

核心理念：为了一切的人，为了人的一切。

目标追求：追寻理想，超越自我。

主要观点：无限相信学生与教师的潜力，教给学生一生有用的东西，重视精神状态，倡导成功体验，强调个性发展，注重特色教育，让师生与人类崇高精神对话。

六大行动：营造书香校园；师生共写随笔；聆听窗外声音；建设数码社区；培养卓越口才；构建理想课堂。

但这一切还不足以体现新教育实验之"新"，实践性、开放性、创造性才是其最重要的特征。

身为主管教育的副市长，朱永新手中有着充足的、可以自由调配的资源，但他却选择了借助民间力量做课题的方式。和以往必须达到这样或那样的硬条件方可加入教育科研课题的做法明显不同，课题组提出，凡接受本实验项目主持人的教育理念，愿为实现新教育理想而行动的学校与个人都可自愿参加新教育实验。实验学校要积极参加各项目的实验工作，最少承担两项实验项目；个人必须积极参加其中一项实验。课题组还规定，新教育实验为公益性实验活动，凡实验学校及个人均不交纳实验费用，但实验学校及个人要接受实验规划领导小组的指导，积极参与相应的研讨和交流活动，所有费用自付。考核方式也很特别，一所学校有多少教师上网，成为一条重要的考核指标。新教育实验发源于苏州，却吸引了江苏、山东、广东、浙江、福建、黑龙江、吉林、上海等省市十几所学校自发地主动加入，志愿者更是不计其数。在本次研讨会上，有8所中小学成为首批新教育实验挂牌学校。

利用现代信息技术，拓展新教育实验的空间。2002年6月18日，在一群热心教育的"网友"的启发和鼓动下,由朱永新领衔的教育在线(http://www.eduol.cn/)正式诞生了。连朱永新自己也没有想到,教育在线成了推广新教育理想、进行新教育实验的最好载体,它不受地域限制,没有森严的等级。大家怀着共同的理想,在教育在线的新教育实验论坛上平等交流,真情互动,探讨教育改革,分享教学经验。据不完全统计,现在该网站正式注册的会员已经超过1.5万人,总访问量接近100万次。

倡导读书,建立一个书香社会,一直是朱永新的不懈追求。他曾经发问,《安徒生童话》有多少小学生读过?读了会更加明白什么是真情,什么是善良;《巴黎圣母院》有多少中学生看过?看过可以学会区别美与丑,把握善与恶;孔夫子的书有多少大学生读过?不读便不知中国文化的根。我们的教师有多少人认认真真地读过孔子,读过苏霍姆林斯基,读过陶行知?没有这样的文化滋润,怎么可能把人文的精神传递下去?在反思中国教育的过程中,朱永新更看重基础建设工作,他计划组织专家学者编辑专供教师和不同年龄段的学生阅读的基本读物——"新教育文库"400本,还打算从今年开始,在5年时间内每年出版一本新教育实验教师手记(系列)、学生日记(系列)、学校报告(系列),举办新教育实验学校成果展示会、"中外经典诵背活动竞赛"活动各一次。只要行动,就有收获。新教育实验唤起的是人们的激情与沉思,激起的是人们超越、优化现实教育的动力与活力。

昆山玉峰实验学校把强化学生的日记教学作为学校参与新教育实验的重要项目。为此,学校制订了具体方案,要求每个学生做到每天写一篇日记,内容包括学习生活、读书感想、摘抄名言警句等。其具体措施为:学校每天用30分钟的时间安排学生日记的书写、批阅和指导工作;少先队负责做好学生日记的推荐工作,有计划地将优秀学生日记推荐给黑板报、宣传橱窗、校报、红领巾广播站,并将精选的"学生日记"推荐到有关报刊,汇编成书。

在这次"新教育实验2003年首届研讨会"上,玉峰实验学校以公开课的形式完成学生当场采访、当堂写作、当面点评的教学过程。新教育实验还促成了教师在专业道路上的成长、升华。

通过教育随笔来反思教育行为,是一线教师都可以自主进行的教育科研,也是一种鲜活的、生动愉快的教育科研。江苏邳州八义集中心小学教师发现,自从写了教育随笔,自己对学生的表情都不一样了,让人感到教育科研不再那么不可捉摸,不再是为了上级的检查而突击整理资料,不再是装模作样地搞对照班与实验班。比起那些遥远的理论,这些体会显得多么中肯,多么实在,让人感到心里多么踏实!教师应在做中思考,在做中提升,在做中成长。

更多的教师没有想到,他们发在教育在线上的一篇篇教育随笔,被许多专业媒体拿去变成印刷品。新教育实验的理想境界是:成为学生享受成长快乐的理想乐园;教师实现专业发展的理想舞台;学校提升教育品质的理想平台;学生、教师、学校共同发展的理想空间。

(原刊于《中国青年报》2003年8月6日,记者谢湘、龚瑜)

新教育孕育的历史时机：昨日和明日

每个时代的教育都有其不同的特征。因此，每个时代的教育家都在思考着创新，思考着教育发展，思考着建构具有时代特征的新教育。当年，杜威、陶行知等都是新教育的践行者。20世纪下半叶的中国教育屡经周折，任何一个时代都没有像这个时代的教育思想那样更迭得如此之快。其实，近些年在中国提出并思考新教育的学者很多，他们从不同的角度提出改革传统教育的思路。21世纪的曙光初现，对中国教育的思考重新成为人们关注的历史课题。

在这个信息快速而纷繁的时代，教育也必然地进入需要关注的日程了。于是，倡导新教育的各种声音出现。诚如教育学者朱永新提到的，有学者提出新世纪新教育的三大特点为和平发展教育、自身素质教育、科学人文教育；有学者提出新教育必须真正树立培养"走向世界的中国人"的意识和理想；有学者提出新教育必须体现工业化教育向信息化教育转变的特征，即技术平台的变化、教育目的的变化、教育内容的拓展、教育方式的丰富、教育时空的开放、教学关系的重建、评价标准的改变等。

正因我们的教育弊端太多，教育思想太陈旧，所以各种思考都在寻找着合理的通道。新教育与"旧教育"（传统式教育）并不是颠覆和取代式的，恰恰都是立身其中进行的前瞻性的部分变革。能否成功？提出者和实验者都在摸索着。

新教育实验：一个学者的理想

从 2002 年起，在中国教育界有一个令众人关注的身影，那就是著名学者朱永新教授。教育界的人关注他，不仅是因为他是苏州大学的博导、苏州市副市长、全国政协常委，也不仅是因为他创办了一家著名的教育网站并成为广大教师的亲密网友，而是因为他经常奔走于全国各地宣传他的新教育理想，倡导推广他的新教育实验。

作为一位从搬运工、泥水匠到上学读书成为博士后的中年学者型官员，朱永新给许多教育界人士的印象是憨厚而富于激情的，全国各地许多普通教师对他也多是"亲其人"而"信其道"。最初产生倡导新教育实验的念头是源于他的《新教育之梦》一书的出版。此书于 2002 年 7 月由人民教育出版社甫一出版，就受到广大教师和教育管理者的青睐，一年之内多次重印并再版（甚至在一些地区发现了几千本盗版书），引起有关专家学者的注意。

这本书由他的 10 篇长篇文章组成，题目分别是"理想的德育""理想的智育""理想的体育""理想的美育""理想的劳动技术教育""理想的学校""理想的教师""理想的校长""理想的学生""理想的家长"。在朱永新看来，这构成了校园教育的所有方面，并形成他倡导的教育是"为了人的一切（德育、智育、体育、美育、劳动技术教育）""为了一切人（学校、教师、校长、学生、家长）"的理念和追求。这也成为他日后倡导新教育实验的理论指导。

朱永新对记者说，"大家都认为理想和现实是有矛盾的，是存在鸿沟的，但我认为二者并不矛盾，这是两个范畴的东西，从追求的角度上看并不矛盾。理想为什么难以实现，是因为我们对理想不执着，没有把它作为一个信念和事业。有人认为我太理想化了，而在我们的实验学校进行的实验就将在不久的将来实现我们的理想，所以没有这样的追求是不行的"。

如果说他将教育当作理想去追求，那么，今天他已是将全部身心投入新教育实验中去了。为了实现理想，他以其学者的身份宣传教育实验理念，依靠已经享誉全国的教育在线网站吸引一大批有思想、有成就的优秀教师及学校，与他一道进行实践，其中就包括他的博士生、著名优秀教师李镇西，以及优秀教师窦桂梅、于春祥、储昌楼、张菊荣等。他们还把江苏的昆山、吴江以及山东的淄博等地作为实验区，吸引了昆山玉峰学校等一批学校参与教育实验让教师、学生都动了起来。

2003年7月21—23日，江苏昆山市玉峰学校举行了首届新教育实验研讨会。这次研讨会有一个最突出的亮点，那就是参加会议的400多人几乎都是朱永新教授创办的教育在线网站的教师网友。这也许开了中国全部由几百网友参加的研讨会之先河。在这次研讨会上，新教育实验成了频率最高的关键词。新教育实验提出：只要行动，就有收获；提倡营造书香校园、师生共写随笔、聆听窗外声音、建设数码社区、培养卓越口才、构筑理想课堂"六大行动"。

在作为首批参加新教育实验仅一年的玉峰学校成果展览上，记者看到新教育实验确实令学生、教师和学校取得了很大的收获。在玉峰学校，近百名教师的近百本教育随笔、众多学生日记，都令记者体会到让教师和学生都"动起来"是多么的重要！新教育实验尤为重视师生的读书活动。在玉峰学校，记者了解到，在熟读经典古诗上，他们要求小学一二年级学生要熟读背诵比较简单易理解的唐诗100首，三四年级学生熟读背诵经典古诗100首，五六年级学生熟读背诵有一定难度的经典古诗100首，初中学生熟读背诵比较难理解的古诗词100篇。在必读书目上，各年级学生每学期必读学校推荐书目3～8本。每一位学生还要做到每天写一篇日记，每一位教师每年必须认真阅读10本由学校推荐的书目，其中4本精读。教师要认真做读书笔记，一周不少于2篇，每年至少有4篇读书笔记达千字以上并形成电子版，发送到学校教科室的教师论文文件夹。学校每年出一本"玉峰实验学校教师优秀读书笔记精选"。教师还要写教育随笔。为了使教师有时间和精力做这些，学校尽量简化和避免写那些形式化的总结。据推行新教育实验的核心成员、昆山市教育局的储昌楼老师介绍，新教育实验宏观指导，微观入手，规划设计了个性教育实验、读书（诵背）实验、日记（随笔）实验、讲座（论坛）实验、双语教育实验、信息教育实验六大实验项目，至今已有昆山市玉峰实验学校、吴江市金家坝小学、无锡南洋国际学校、宁波国际万里学校等江苏省内外十几所学校参加了首批实验，还有山东、广东、浙江、福建、黑龙江、吉林、上海等省市的一大批教师主动加入实验的大军。千千万万的教师正在将新教育理想具体化、系列化。

短短不到一年的时间，实验学校、教师取得了显著的成果。在教育在线网站上，我们可以看到新教育实验学校、教师、学生的可喜成长。这进一步证明新教育理论对当前教育的改造、优化、促进作用，也为新教育理念的实践和推广积累了相应的经验，奠定了大规模实验的基础。储昌楼告诉记者，从目前来看，通过实施新教育实验，确实唤醒了一批教师，也凝聚了一批有理想的教师，使一批学校在各方面得到提升。

未来：重行动，边实践边总结推广

目前，新教育实验正在申请全国教育科学"十五"重点课题。作为实验的主要倡导者朱永新教授说，他们对参与实验的学校要求很高，最重要的是他们不图虚架势。如果发现学校不真正进行实验，他们将被取消实验资格。他觉得中国的许多课题和实验常常得不到真正实行，就是因为许多人只重视虚名。当谈起新教育实验的前景时，朱永新教授非常乐观。他认为，自己的理念和行动能使中国教育改变一点儿是一点儿。他还多次和记者说，这一辈子哪怕只能为中国教育解决一个问题就无比欣慰了。就教育而言，实践比理论重要得多。对于新教育实验，他认为可以走边实践边总结经验、边总结理论边推广的路子。荣获全国优秀语文教师、优秀班主任称号的李镇西博士，也是推行新教育实验的核心成员之一。谈到新教育实验时，他认为虽还不敢说它有多么成熟，但它至少有两个特点，即重建设、重行动。

李镇西说，重建设，就是以积极的姿态多做建设性工作。中国教育现在有许多弊端，也值得抨击，但仅仅是怒目金刚般的斥责和鞭挞，虽然痛快却无济于事，不如通过建设进行批判，只有建设才是真正深刻而富有颠覆性的批判，新教育正是寓批判于建设中。重行动，就是不空谈，"用事实说话"。现在，空洞的理论家太多，真正脚踏实地的实践者太少。新教育实验立足行动，不求无懈可击的"理论"体系，而是先动起来，在实践中完善思考。

　　李镇西认为，就目前的实践效果而言，新教育已经显现出它的意义。第一，让教育理念变成教育实践。理念从来不是空洞的，总是通过实践、通过细节体现出来。第二，让教育实践变成教育科研，解决教育实践与教育科研"两张皮"的问题。第三，让教育科研回归朴实，即教育科研的主体是教师，载体是实践，阵地是校园……第四，让朴实的教育科研走进心灵。这里的"心灵"，指的是教师和学生的精神世界；发展学生，提升教师，是真科研的目的。一篇篇学生日记，一本本教师随笔，已经让我们看到新教育实验对"人"的心灵成长起着何等重要的作用！

　　在谈到继续推进新教育实验应该解决的问题时，李镇西认为需要继续思考以下几个问题：如何让新教育实验进入课堂教学过程？如何在新教育实验中让理科教师也感到与自己有关？为什么新教育实验在中学格外吃力？新教育实验"六大行动"之间的内在关系是什么？如何让新教育实验与新课程相融相伴？……如今，新教育实验吸引了全国各地越来越多的学校和教师参与。它究竟会以怎样的姿态继续生长，作为教育媒体，我们将拭目以待。

（原刊于《现代教育报》2004年1月13日，作者朱寅年）

让师生拥有智慧

——朱永新和他的新教育实验

集苏州大学教授、博士生导师与苏州市副市长于一身的朱永新先生，因《我的教育理想》《新教育之梦》《创新教育论》《享受教育》等著作的相继问世和新教育实验的突飞猛进式发展，被人视作当今中国教育的一匹黑马。走进他的心灵世界和实验视野，窥见的是一道异常绚丽的教育风景。

人性化的市长

朱永新教授不是一般的大学教授，因为他还是苏州市的副市长，"两栖"于为官与学者之际，"得兼"于繁忙公务与潜心研究之间。每一刻时间，在他的人生履历上都具有特殊的意义符号。在他看来，时间的价值等同于生命的价值，赢得"逝者如斯夫"的时间就等于拉长了生命的长度，所以采访他须"伺机"而行。听说他于2003年12月7日上午在青岛嘉峪关学校作报告，我们便立即与之电话联系。朱教授愉快地接受采访预约，还希望采访就从机场到青岛市里的路上开始。他说，这段路只是采访的序曲，宾馆才是采访的主阵地。这种安排虽属紧迫，但"时不我待"的心理状态和无人打扰的晚间，往往能够触发我的采访激情。

"生于毫末"的新教育实验昭示出独特魅力

由于学识渊博与勤奋好学,朱教授早已著作等身。为此,他一度陶醉在自己的书斋,欣赏着用文字搭成的积木。但在 2000 年 1 月的一个子夜,他看到了下面一段文字:1950 年元旦,约瑟夫·熊比特在弥留之际,曾对前去探望他的彼得·德鲁克及其父亲阿道夫说过这样一句话:"我现在已经到了这样的年龄,知道仅仅凭借自己的书和理论而流芳百世是不够的。除非能改变人们的生活,否则就没有任何重大的意义。"

这对朱教授犹如投放了一颗心理原子弹。正值不惑之年的他,开始怀疑自己对教育关注实际价值的大小,它们究竟能如何改变人们的生活?于是,他试图努力改变原有的生活状态和既有的教育行为。一天在苏州开笔会,他突然想起一个题目:"我心目中的理想教师"。他洋洋洒洒地讲了四个半小时,听者竟然无一人离会。后来,他将其整理成一篇文章,许多报刊予以发表。反响如此之大,朱教授始料不及。他顿悟式地说:"原来教育可以这样表达!"

朱教授开始思考如何从曲高和寡的理论构建走向与教育实践休戚相关的操作层面,走向教学一线的广大教师。于是,新教育实验就成了他的最佳选择。

朱教授说,他并非新教育实验的首创者,一百年以前,在英国、法国等,就有了新教育运动。一些有识之士不满当时的教育,要为现在造人,培养富有个性和独立精神的人,并办起了一批体现这一价值取向的学校。这对欧洲产生了重大影响。几年之后,德国、法国的教育专家前来参观,归国之后也办起了类似的学校。于是,新教育运动在欧洲迅速发展,并有了它的国际组织。此后,美国的杜威又对新教育实验进行理论阐释。新教育不胫而走,后来也有了"中国版",陶行知就是"中国版"新教育运动的最早实验者。蔡元培先生对新教育也有着自己的理论研究与亲身实践。朱教授说,新时代赋予新教育实验一种崭新的意义,他就要做这一新教育实验的发起者与实践者。创新并不等于对传统的彻底否定,他重视"他山之石"的价值,也珍视既有的遗产。他说,"新教育"与"旧教育"(传统教育)并非颠倒和取代式的,而是立身其中对前瞻性部分的变革。

2002年7月，他下定决心进行新教育实验。2002年9月，新教育首家实验基地在江苏省昆山玉峰实验学校挂牌。朱教授说，新教育实验可谓两月怀胎，一朝分娩，是一个先天不足的早产儿。时代在催生，它虽早产，但发展迅速。实验之风吹起于江苏，很快波及全国，山东、广东、浙江、福建、黑龙江、吉林、上海等省市的一大批教师主动加入实验的大军，千千万万的师生开始将新教育理想具体化、系列化。

在不到一年的时间里，新教育实验正式得到认证的加盟学校已近20所，主动参与实验子课题的有近百所。一年半时间，就有了一百多所实验学校，许多个人还开设了新教育实验班。同时，注册了教育在线网站，点击率超过150万人次，成为全国极富特色的教育网站之一。就连全国更新教育观念报告团成员、清华大学附属小学窦桂梅校长对其也是一"网"情深。她在《构一道新的教育航海线》中写道：对于网络，她曾充满鄙夷，没想到一来到这里就"一见钟情"。这里的教育智慧，这里的教育故事，这里的人文气息，这里的人物魅力，让你兴奋、痴情，甚至让你发疯。你会像初恋的少女，体验"激情燃烧的岁月"，甚至半夜里还徜徉行走，流连忘返，以至爱得"死去活来"。就是怀着这样的激情，每天必须上网几次，每次只要踏上这只教育在线的船，就可以尽情地阅读这本厚重的网络大书，欣赏着新教育海上日出一样的风景，陶醉着"朱永新小品"的表演，品尝着"李镇西之家"的风味特色，感受着"小学教育论坛"的习习海风。

"生于毫末"的新教育实验虽然尚未成就"合抱之木"，却已成为当今中国教育改革的一枝奇葩。用北京师范大学一位教授的话说，它已与国家新课程改革、叶澜主持的新基础教育实验形成三足鼎立之势，并且昭示出独特魅力与昂然生机。

富有思辨性的核心理念

朱教授说,新教育实验初始阶段的理念尚未形成,但他相信实践出真知,也出理论。事实上,他一刻也没有放松过对新教育实验的理论构建。现在,新教育实验的核心理念已经形成。这些理论不但来自实践又指导实践,而且呈示出思辨性和丰富性的特点。

核心理念之一:为了一切的人,为了人的一切。

这里不是强调"一切为了学生的发展",而是突出"一切人"。朱教授认为,没有教师的发展就没有学生的发展,没有家长的发展也没有学生的发展。教育本来就是为了人的发展,人文精神的核心是关注人的生存状态,关注人的发展空间。因此,要关注学生和教师、校长、家长以及社会上所有人的发展。无论他是贫困的还是富贵的,愚昧的还是睿智的,健全的还是残疾的,都应该让他们快速发展。

新教育实验的目标是"追求理想,超越自我"。朱教授说,只有追求理想,超越自我,才能培养积极的态度,真正地让教师、学生和学校一起成长。他认为,参加新教育实验的所有学校和教师都应该有自己的梦,给自己挑战自我的勇气,超越自我的精神。每位教师、每个学生都要成功,相当部分的师生都能够成才。所有参与实验的人都要感觉到自己在不断进步,成长并快乐着。

新教育实验的价值取向是"行动"。朱教授认为,只要行动,就有收获,不要坐而论道。你去做,你就行;你去做,你就能成功;不要瞻前顾后,不要犹豫彷徨。从加入实验这一天开始,你就要真正地动起来。

核心理念之二:教给学生一生有用的东西。

朱教授说,目前以成败论英雄、以金牌论英雄、以升学率论英雄的观点是错误的。新教育实验行动方案的关键是,教一些让学生一辈子真正有用的东西。朱教授说自己是苏州大学毕业的,但他并不认为自己比北大、清华的学生差。他说,自己甚至可以到北大、清华去做教师、做教授,关键是怎样让学生有一个真正辉煌的明天,而不仅仅是辉煌的今天。

核心理念之三：重视精神状态，倡导成功体验。

朱教授高度重视精神的作用，甚至有点儿夸大。他说，好多人问他：你的身体怎么这样好呢？他说不是身体好，而是精神好，一旦有了好的精神，就有了一切。他认为，死人与活人的最大区别就是死人的精神不再存在。他说，有的人虽然活着，但精神不行，生不如死，与死人没有什么两样。这正应了诗人臧克家的一句诗："有的人活着，他已经死了。"诗人虽然另有寓意，但朱先生却借此说明精神的重要性。重视精神，就要让人们不断地感受成功，从而不断地相信自我，挑战自我，从一个成功走向另一个成功。

核心理念之四：强调个性发展，注重特色教育。

特色并不意味着圆满，但它就是卓越。企业如此，学校如此，凡事莫不如此。去年，美国《时代周刊》评选了世界上九大新兴科技城市，苏州是唯一入选的亚洲城市。那么，能说苏州就是亚洲最好的城市吗？当然不能。但苏州有它的特色，它是一个把传统和现代结合得非常完美的城市，有一体两翼的城市格局，又有两千五百多年的文化底蕴，是外商投资的集聚地。学校也是这样，没有自己的特色，是谈不上辉煌的。对个体生命来说也是如此。朱教授荣登2003年度《南风窗》为了公共利益人物榜，就是因为他是一位最具人文气质的市长。他用历史的眼光，长久以来一直探问社会人心的发展、人类文明的演进，深切感到在万众一心发展经济、人文精神教育严重缺失、人文关怀异常匮乏的当下，人心的异化、社会的失衡以及城市的病态繁荣已是愈演愈烈。正是源自这种"社会良心"深处的忧虑，朱永新一直在大力倡导要关注人文精神的培养和民族精神的传承。这就是个性，就是特色。

核心理念之五：让师生与人类崇高精神对话。

朱教授认为，如果说当今的教育已经开始注意人的问题的话，那么，真正关于人类的问题、人类的命运、人类文化的发展延续以及文明的进程，并没有得到足够的重视。文明有可能在我们这一代人身上，或者说在我们这一代教育工作者的手里走向衰落。我们经常说文化是人类发展和延续的根基。要想让学生、教师真正地融入社会，具有强烈的社会责任感、使命感、正义感，就要与人类崇高的精神对话。阅读中外名著是对话的最好途径之一。

在潜能开发中获取"高峰体验"

如今，人们已能用"无土栽培法"让一棵普通的西红柿苗结出13000个果实，能让肉眼看不见的原子核释放出威力无比的能量。然而，作为万灵之长，我们能否研发出自身的"心理原子能"，使普通学生都能得到应有的发展呢？

人的大脑是动态的"创造物"，只要善于开发，就能启动"心理原子弹"的按钮，使智慧迸射出绚丽的光彩。人的大脑又呈示出天生的敏感性和脆弱性，伤其神经，抑其中枢，潜能就会沉而不流，甚至成为一潭死水。朱教授说，长久的社会暗示自然形成一种评价定式。你想激励一个学生，就要不断地对他说"你行、你行、你真行……"，这样，再差的学生也会逐渐变得越来越好；你想毁灭一个学生，就不断地说他"不行，不行，你真笨……"，这样，再好的学生也会变得越来越笨。只有自信，才能充分开发学生的潜能，让其才华得到充分展示，从而获取"高峰体验"。所以，教师非常重要的任务之一就是启动学生的心理自信系统，让学生在自信中不断追求成功，设计成功，撞击成功。一个停止撞击成功的学生，就意味着失去了自信。

教师一旦让学生产生充分的自信，就会产生意想不到的奇迹。朱教授的及门弟子苏静教学不足一年，她的一群十几岁的学生就能背诵100～300首诗词，并能在两分钟内任你命题，写出诗意沛然的佳作来。但苏静却说这本是自然之举，学生们背诗、赏诗、作诗，正像花丛中的蝴蝶自由自在地飞转、树林间的小鸟婉转地歌唱一样，是一种生命的快乐。是的，潜能在有效开发并结出硕果之时，学生所感受到的绝对是前所未有的幸福。

朱永新先生非常重视开发学生的潜能，认为这是对学生生命价值的体认。但有的教学活动并不是如苏静老师所做的一样是在促进师生共同发展，而是以牺牲教师的生命价值为代价。朱永新教授反对所谓的蜡烛精神，教育不是将教师的精神与身体透支殆尽，而是应当与学生一样得到呵护，甚至教师的发展比学生的发展更为重要。因为没有教师的快乐，哪来学生的快乐？没有教师潜力的开发，哪来学生的潜力开发？所以，我们要对教师说："说你行你就行"，不是一两次地说，而是千万遍地说；不是一两天地说，而是天天讲，让这一信息根植教师的心里。教师一旦拥有了这份自信，就会有无穷无尽的创造力。

为了激发教师的内在潜力，朱永新教授于2002年6月26日在教育在线网站发表了《朱永新开业启事》，明确投保条件："每日三省自身，写千字文一篇。一天所见、所闻、所感、所思，皆可入文。十年后持3650篇千字文（计360万字）来本公司。"理赔办法也写得一清二楚："如投保方自感十年后未能跻身成功者之列，本公司愿以一赔百，即现投万元者可成百万富翁或富婆。"

这是我所看到的最具特色的"保险公司"。它在相信人的巨大潜力的同时，又内含了"持之以恒，十年不止"这样的必备条件。两者结合，才能到达成功的彼岸。

江苏盐城数学老师张向阳是朱永新成功保险公司的最早投保者。心存困惑的他，于2002年8月向朱教授求教。朱教授送给他六个字：读书，看网，写作。张向阳老师心领神会，每天笔耕不辍。此前从未发表过作品的他，仅在6个月的时间内，就在教育在线上发表了数十万字的作品，并在《人民教育》等报刊上发表了50多篇文章。在过去的十个月间，他用200多个夜晚写出近30万字的教育日记。他在教育在线论坛上的签名是："用我的生命，擦亮新教育之梦的火花。"他找到了自我成长的途径，具备了持续发展的源源不断的动力。

江苏吴江市第一小学费建妹老师因打扑克而在当地小有名气。2003年，她参加新教育实验，投保于朱永新成功保险公司，开始尝试写点东西。渐渐地，她对写作产生兴趣，与扑克牌进行了永久的告别。四个月的时间里，她发表了十多篇文章，因其文富有激情，所以被人称为"激情费小妹"。这激情是潜能开发之后的自然迸射，是获取自信之后的精神收获。

读书与写作应该是人的根本性的精神享受，在这种精神享受中获得全面发展。热爱学习应该是人的生命本性，个体通过学习掌握人类的本质力量，由此体验人生的自由境界。所以，一切教育大家在强调读书的同时，几乎无一例外地对写作给予了肯定性的评价。苏霍姆林斯基坚持写教育随笔，叶圣陶力倡教师写"下水文"，朱永新教授让教师写教育日记。这中间似乎有一种本质的联系，因为没有读书与实践，就不可能产生好的作品。教师写不出好的作品，要求学生写作就失去了说服力量。没有教师潜能开发这一生动的"教材"，也很难激起学生内蕴的潜能。师生同写日记，无疑创造了共同发展的文化环境。只有为个体发展创建完美的、高质量的发展环境，并确保这种环境的持续性和稳定性，才能最终实现个体的全面发展。这种"环境商数"一旦成为个体发展的重要商数，就会产生始料不及的飞跃。

启动"营造书香校园"读书工程

新教育实验有"六大行动"：营造书香校园、师生共写随笔、聆听窗外声音、建设数码社区、培养卓越口才、构筑理想课堂。每一"行动"都有独具的特色和丰富的内涵。由于篇幅受限，记者只就"营造书香校园"略作铺陈，但愿读者能够窥一斑而见全豹，进而领略"六大行动"的无限风光。

朱永新先生相信"名师出高徒"这一古已有之的名言，但屈指可数的名师，往往令你投师无门。他说并非无路可走，人们可以借助一个中介聆听名师的教诲。这中介便是富有文化品位的中外名著。通过这些作品，师生可以穿越时空，索取其思想文化的智慧。从这个角度讲，名师就在大家的身边，求教于名师的机会俯拾即是。他说在读这些作品时，往往为先贤哲人出奇制胜的警策之语惊叹不已，有一种"仰之弥高，钻之弥深"的敬仰感。也有这样一种情况，哲人之言恰与自己的所思所想不谋而合，这会令你激动不已，有一种与伟人心灵对话的美感体验，以及对生命价值体认的特殊感受。

所以，每天几乎是雷打不动地读书两个小时，成了令朱教授心迷神痴的精神之旅。他说这是父亲送给他的一笔最宝贵的财富：在他年仅6岁的时候，父亲就开始让他每天书写两个小时的毛笔字。这种持之以恒的练习虽未成就一个书法大家，但每天5点起床的习惯却沿袭至今。这比他人早起的时间，就全给了读书。他说，捧读一本好书，很快便将自己带到一个宁静的港湾，不知时间流逝，不知烦琐纷争，唯有将自己融入宇宙自然的洒脱与飘逸、从容与愉悦。

他认为，一个人的精神发育史就是一个人的阅读史，而一个民族的精神境界在很大程度上取决于全民族的阅读水平。苏霍姆林斯基所说的"无限地相信书籍的力量"可谓一语中的，读书是教师必须跨越的一道坎。所以，朱教授在新教育实验区启动了"营造书香校园"读书工程，要求在小学6年中，师生共读100本课外书；小学生背诵一本中华经典，中学生背诵一本属于美文的英文书。他说，如果背诵了这些书，就会将其精华内化在学生的头脑里，后劲无穷，受益终生。他认为，一个不读书的教师，穷其终生，也只能是一个教书匠；而有着一定文化积淀的教师，教学时间未必太久，年龄不一定有多大，却能够脱颖而出。他提议设立"读书节"的提案虽然在2003年全国政协会议上未能通过，但其志未泯。他说，在以后的政协会上，还要继续提交这一提案。

2003年11月，于苏州举行的第三届世纪教育沙龙的主题就是"营造书香校园"，与会人员专门就"读书"这一民族发展大计进行交流讨论。发起人朱永新教授发表了题为"阅读：让全民族精神起来"的"阅读宣言"，倡导在校园营造好读书、读好书的良好氛围，并以此为突破口，建设书香社会，促进学习型社会的形成。沙龙组织还审订了《新世纪教育文库》，2004年版小学生、中学生、大学生以及教师阅读推荐书目，讨论了《"营造书香校园"行动计划（草案）》。他们期望看到："每一位中国公民都能捧起一套经典，拒绝粗制，拒绝盗版，与知识为友，与真理为友，用最精心的阅读，来填实比天空还广阔的心灵"；"每一个中国家庭都能坐拥一壁藏书，上至天文地理，下至草木虫雨，大至立身处世，小至人情物理，情的萌动，语的呢喃，灵的呼唤，尽在其中"；"每一所中国学校都能开设一门课程，阅读经典，阅读思想，阅读文化……"

读书需要良好的环境，也需要便利的条件，因为便利会使读书变得轻松愉快。朱教授在美国、澳大利亚和日本等国家和地区考察时就充分感受到了这种便利所带来的愉悦。比如在美国，你只要持当地人写给你的信，就可以到图书馆借书。还书也无须办理复杂手续，尤其是社区图书馆，门口都有一个还书的箱子，顺手将书往里一扔即可。所以，他非常希望学校图书馆和阅览室是开放的空间，供学生随时阅读，这样既省却了烦琐的借阅手续，又没有了开放时间的限制。有人担心如此状态可能造成图书的丢失，但朱教授说："我们应该相信孩子。即使有的孩子真的把书拿回自己的家里，说明他非常喜欢这本书。孔乙己还说窃书不算偷呢，孩子爱书就更不是什么坏事情了。"

朱教授的意见得到回应，江苏一些学校开始对此产生兴趣。常州武进湖塘桥中心小学在教学楼的每一层都设立了以年级为单位的"图书大角"。放学之后，学生可以不受限制地在这里阅读；有的学生回家后写完作业想看书了，也会跑回学校阅读。结果，学校的书非但没有少，有的学生还将家里的书拿到"图书大角"。这种没有围墙的"图书大角"，让学生在心灵放飞中享受读书的快乐，在心里自然状态中尽情地汲取与古今中外"名师"对话的精神营养。

朱永新教授说，新教育实验的目的不仅仅是让人拥有知识，更重要的是让人拥有智慧。他说，知识并不等于智慧。知识关乎事物，智慧关乎人生；知识是理念的外化，智慧是人生的反观；知识只能看到一块石头就是一块石头，一粒沙子就是一粒沙子，智慧却能在一块石头里看到风景，在一粒沙子里发现灵魂。

让师生拥有智慧是智者之言，也是新教育实验走向真正成功的内在归依。

（原刊于《中国教育报》2004年2月20日，作者陶继新）

新希望工程：一场对抗教育异化的实验

从欧洲到美洲到中国，从陶行知到蔡元培到朱永新，被苏联教育模式和"分数教育"中断了半个多世纪的新教育实验，在苏州擦亮了"教育复兴"的点点星火，并以燎原之势，蔓延到中国的大半壁江山。当下，仅凭个案的成功，就宣称新教育实验决非理想主义者的乌托邦，还为时尚早。可以断定的是，作为一场对抗"教育异化"的实验，起码可以视作以"人的教育"为旨要的"新希望工程"的剪彩仪式。

2004年4月8日，37岁的中国网民"滇南布衣"，以朝圣的姿态登上了昆明开往苏南的火车。彼时，他业已在发自普洱的汽车上颠簸了两天两夜，再有三天三夜，他就可以达到心中的"教育圣地"。"滇南布衣"是一个虚拟世界的网名，与真实世界的罗民相对应。他是云南省思茅市普洱县的一个小学校长，一个只有12个学生的小学领导人。他要以最低的差旅标准，于11日赶到苏州市下辖的张家港市，出席那个冠名新教育实验的研讨会。

据称，这样的研讨会是他第二次参加。此前大半年，首届新教育研讨会在同样受辖于苏州市的昆山市开锣。由于四百名与会者多为贫困地区的小学校长，一个地方官员曾戏称"昆山会议"乃教育界的"丐帮大会"。

来自主办单位的消息说，此次"张家港会议"依旧染有浓郁的"丐帮大会"

的色彩，所不同的是，与会的小学校长中，多了一拨教育界的"显贵"。清华大学附属小学、中关村一小等中国著名的几所小学的校长，也将和罗民同天到达。

舆论认为，以纯民间方式运作的新教育实验，能够引领普天下数百名小学校长登堂入室，一则在于新教育实验"人的教育"主张，二则与中国教育异化的舆情相关。

年初以来，云南大学广西籍学生屠戮四名同窗的事件曝显于天下，坊间对"问题教育"的诘问，追溯到"人的教育"的缺失。

此间，敏感于3亿余未成年人思想道德层面的新情况、新问题，中共中央和国务院联合下文，敦促有司防止"各种消极因素"侵袭未成年人，以免少数未成年人"精神空虚，行为失范，甚至走上犯罪歧途"。

3月下旬，新修订的《学生守则和日常行为规范》正式亮相，预示着官方的德育行动即将启动。

教育界人士称，倘若新教育实验禁得住时间和空间的检验，将有望在另外一重意义上，成为继希望工程之后的"新希望工程"。

教育复兴

"滇南布衣"从家中出发的那一天早晨，朱永新——新教育实验的主持人、教育在线的"江湖盟主"，打开电脑，发现注册网民第一次超过50000人。

教育在线，名义上是草根NGO——21世纪教育发展研究院的门户网站，实质上是新教育实验的一个平台。据称，21世纪教育发展研究院的诞生，本身就是为新教育实验准备的。

事实上，新教育实验并不"新"，其发起人亦并非朱永新。听朱永新谈论新教育实验的前世今生，其情形颇似欧洲的"文艺复兴"。与其说朱永新主持的是新教育实验，不如说他在操纵一个伟大的"教育复兴"。

据他自己说，旨在推动"人的教育"的新教育实验发轫于100余年前的欧洲。彼时彼地，教育界人士，一边宣称要培养具有独立精神和健康人格的人，一边相继创办了与这一价值取向相匹配的新式学校。嗣后，新教育实验缔造了自己的国际组织。一个为中国思想界所熟知的名为杜威的美国人，在充分诠释这一实验的同时完成了理论构建。

成长于徽州山村的中国教育家陶行知，将杜氏的新教育理论移植到中国早期的师范教育。接着，成名于北京大学的蔡元培先生，在大学教育领域开始了进一步的身体力行。遗憾的是，第二次世界大战和国内战争的炮火，渐渐湮灭了新教育实验在中国版图上的践行和创新。令人扼腕的是，新教育实验并没有因为战火的熄灭而获得新生。苏联教育模式的引进，"考试教育"的繁荣，使得新教育实验渐成中国教育史上的一抹记忆，只有少数教育专家才能依稀记起。

2000年前后的中国，中国学生人格扭曲的非正常现象，不断敲打着沉睡在"GDP梦想"中的中国人。从浙江的中学生徐力弑母到中央音乐学院大学生陈果自焚，从北京14岁的男孩残忍地杀害同学的妹妹到江苏的违纪学生砍死校长的四位亲人——一个个青少年道德危机的个案，让教育专家们一次次忆起爱因斯坦发明在《纽约时报》上的"教育声明"：他必须获得鲜明的辨别力，知道什么是美，什么是道德上的善，否则，他——连同他的专业知识，就更像一只受过良好教育的狗，而不像一个和谐发展的人。

痛感人文精神远离教育的惨淡现实，朱永新决意"复兴"新教育实验。博士生导师出身的他，以《新教育之梦》等雅俗共赏的著作，开始了舆论上的准备。作为唯一获得美国阿姆斯壮大学"2001年杰出教育家奖"的教育家，他要让理论走出书斋。

就苏州这个狭窄的场域而言，身为主管教育的副市长，朱永新原本可以调动各种资源，开拓他的新教育实验，但他却选择了借助民间力量做课题的方式。

据悉，新教育实验为公益性实验活动，凡实验学校及个人均不交纳实验费用。课题组为申请者开列的条件，不是"硬件"而是"软件"：凡接受本实验项目主持人的教育理念，愿为实现新教育理想而行动的学校与个人，都可自愿参加新教育实验。

新教育实验的考核方式也很特殊，一所学校有多少教师上网成为一条重要的考核指标。理由是,不能上网,就不能进入教育在线这个平台,分享新教育实验的快乐,就成了一句空话。"滇南布衣"的新教育实验之旅,就是从一根电话线起步的。尽管他的月工资仅300余元,他依然以每月百余元的上网费,奔跑在新教育实验的苦旅上。

当下,教育在线的注册会员已逾5万,总访问量超过两百万次。新教育实验的空间随着时间的更迭,获得极大拓展。

由此,朱永新看到了"教育复兴"的一丝曙光。

星星之火

会务组预料,"滇南布衣"的首次旅程应该少走些弯路。毕竟,来他们心目中的教育圣地苏州开会,于他已是第二次了。去夏,他出席了在昆山玉峰实验学校(以下简称"玉峰")筹办的"昆山会议"。玉峰是新教育实验播下的第一颗种子,截至今春,这第一滴星火已显燎原之势,蔓延到中国的21个省份。

2002年9月,昆山玉峰实验学校挂上了新教育实验的铜牌。玉峰是昆山方面以5000万资金缔造的一所准贵族学校,除了本地土著,还有台商子女。担心落入"问题教育"的怪圈,2001年诞生的玉峰第一个申请加入新教育实验。校长周建华丝毫不担心通过全员招聘制度从全国范围内挑选的教师,会让他的桃李们折戟于"分数教育",他担心的是学生接受不到完整的"人的教育"。

周建华的担忧并非杞人忧天。中国诸多富甲天下的城市,动辄花半个亿、一个亿造就的中小学,未能从根本上摆脱缺乏理想、缺乏人文精神的"问题教育"的困境。这已然说明,"问题教育"的根源不仅仅在于缺钱。

经由几轮磋商,玉峰参与了展现新教育实验所有理念的"六大行动":营造书香校园;师生共写随笔;聆听窗外声音;建设数码社区;培养卓越口才;构筑理想课堂。

本来学校可以根据各自的条件进行单项选择,而玉峰选择了"全部"。因为主事者信奉孕育在"六大行动"中的新教育实验的主要观点:无限相信学生与教师的潜力，教给学生一生有用的东西，重视精神状态，倡导成功体验，强调个性发展，注重特色教育，让师生与人类崇高精神对话。

《南风窗》在调查中发现，新教育实验主要从三个层次塑造"全面的人"。

第一个层次，当然是学生。与玉峰同处一城的柏庐小学，将"诵读中华经典"当作"营造书香校园"的重要手段。每周二中午，学校进行"诵读考级"。每个学生都可以申报1至6级的考试，且依诵读篇章的多寡、难易赢得不同的段位。学校的名字是依据朱子的名字命名的，《朱子家训》被校方列为"营造书香校园"的必读教材。2004年4月7日中午，四年级的丁晓东熟练地背诵出朱子家训的开头：黎明即起，洒扫庭除。

经由阅读和写作，校方将精神思考的权利还给学生。玉峰七年级学生姜文轩有一本装帧精美的日记集，内中对央视新闻联播的评论、对生活中阴暗面与光明面的感悟，对美伊战争和中国台湾大选的理解，虽不乏稚嫩之处，却透露出独立思考的能力和意趣。

第二个层次，是师生的共同成长。"实验师们"认为，没有理想的教师，就没有理想的学生。受叶圣陶写"下水文"的启发，他们倡导师生共写日记或者随笔，以激发教师内在的潜能。2002年夏天，教育在线张贴了"朱永新成功保险公司开业启事"，投保条件："每日三省自身，写千字文一篇。一天所见、所闻、所感、所思，皆可入文。十年后持3650篇千字文（计360万字）来本公司。"理赔办法："如投保方自感十年后未能跻身成功者之列，本公司愿以一赔百，即现投万元者可成百万富翁或富婆。"

江苏盐城县数学教师张向阳是最早的投保者，他说过去十数月，他在教育在线上写出了数十万字的教育随笔，并在现实世界赢得诸多奖项。他在教育在线上的签名是："用我的生命，擦亮新教育之梦的火花。"

昆山参与实验的一吴姓女教师，渐渐发现一个学生频频现身于她的随笔。原来，这是一个特殊家庭酿就特殊性格的特殊学生。于是，她也进入学生的日记世界。他们将各自的善良和改变，融入彼此的生命旅程，一个见证学生的成长，一个见证教师的良苦用心。

第三个层次，是父母、学生和学校的共同成长。2004年3月28日，华东师范大学教育系教授胡东芳博士在苏州娄葑二小作了一场专题报告："别国的父母与我们的家长——中外家教教育现象比较"。"新父母学校"作为新教育实验中的一个子项目，由此掀起垂垂帷幕。"实验师们"强调，没有父母的成长，就没有孩子的成长。校长戴永军说，在新父母学校里，学生父母将在家教观念、家教知识、家教方法诸层面全方位受训。有学生父母表示，他们期待告别家教的随意性、情绪化。

教育在线的总版主储昌楼称，当下新教育实验正式得到认证的加盟学校已近200所，主动参与实验子课题的逾百所，许多个人还开设了新教育实验班。

教育在线上，中国各个角落叹息中国人文教育缺失的理想主义者们，自发地贡献着"一砖一瓦"。这里没有报酬，有的只是志愿者。61岁的张万祥，有过26年的班主任生涯，《德育研究》杂志的编辑，享受政府特殊津贴的退休专家，致力于"人的教育"的老先生，在教育在线上公开授徒。知晓"滇南布衣"的学校因缺少图书而不能参加新教育实验，网民们以罕见的真诚，在极短的时间内，为那个西南边陲的乡村小学募得"书香校园"的一切条件。

有教育界人士称，随着一拨热衷于新教育实验的优秀教师的加盟，教育在线已然是一所虚拟的师范大学。惊悉"无官方一分钱投资"的感慨，仅靠上海中锐集团8000元赞助，就能办出这样的网上工程，"委实是一种奇迹"。据了解，少数有政府背景的教育网站，每年的预算高达数百万，除了登录者稀罕外，就没有什么让人稀罕的了。

奇迹是怎么诞生的？部分受访者分析有二：教育在线搭建了新教育实验的技术平台；新教育实验把民间社会对教育的忧虑和热情激发起来。

观察人士称，中国教育积弊重重，不是大家视而不见，而是找不到出力气的方式，缺乏一个组织或者一个灵魂人物的引领。理想主义者朱永新的振臂一呼，适逢其时。他们的实验是一场对抗"异化教育"的实验，是从源头上发起的针对中国教育危机的救赎。

可爱的是否可信

"当'滇南布衣'和朱永新走到一起的时候,新教育实验的理想主义色彩,展现得淋漓尽致。"一位资深传媒人士说:"他们用他们的行为艺术,勾勒出这样一幅图画:一群拥有教育理想的人,聚合在一个理想的平台上,跟着一个有理想的教育家,在播种理想的路上,蹒跚前行。"

正是如此浓郁的理想主义色彩,致使新教育实验走出娘胎伊始,就在教育界乃至关心教育的人士中,划出两个阵营:"疑是派"和"坚定派"。

少数"疑是派"相信新教育实验是可爱而不可信的,它最多是中国教育界的乌托邦。苏州娄葑二小门前有一块石碑,上有朱永新亲笔写就的三个字:理想园。有"疑是派"人物感叹,新教育实验只能是朱永新及其及门弟子的理想园。

2004年4月,一个农村初中教师存留在新教育实验上的一则留言,被视为"疑是派"的代表性言论:他对新教育实验向往已久,可是要在我们这样一所农村初中实施是行不通的。我们这里仍然是踏踏实实搞应试教育,学生的分是教师的命、校长的魂,教学质量是与资金挂钩的。所以,他只能说:"新教育实验,想说爱你不容易。"

翻阅跟帖,你会看到"坚定派"的回击:不能改变身边的一切,但可以塑造自己。行动起来,其实想说爱你也容易。

另有"坚定派"理性地辨析,应试教育未必就能有好分数,从诸多层面提升师生素质的新教育实验,和教学实践在大多数情况下不是一种对立关系,关键在于我们能否寻找到一个结合点、一种途径,这需要实践智慧。

《南风窗》观察到"疑是派"的怀疑之处在于新教育实验的"红旗"能否插遍中国。尽管新教育实验的点点星火已蔓延到中国三分之二的省份,"疑是派"仍担心最后的成功是否仅局限于经济发达地区和经济条件相对较好的学校。

《南风窗》调查了苏州工业园区三个梯次的3所学校,结果表明,这样的担忧绝非臆断。调查发现,新教育实验效果的好坏,一定程度上取决于物质条件,师资力量，以及学生素质。

新城花园小学是一所处处透露出新加坡气息的小学。校长吴云霞对《南风窗》说，新教育实验推动了学校的进步，学校的进步也佐证新教育实验的可行性和成功性。

娄葑二小和胜浦金光小学虽地处苏州工业园区，无论是硬件设施还是软件师资，都远逊于新城花园小学。譬如，后者的教师是以25比1的比例挑选出来的。相应地，他们在新教育实验中表现出的"成果"也远胜于前者。

然而，差别也存在于娄葑二小和金光小学之间。"娄葑"位于城乡接合部，"金光"则地处新农村。叶圣陶的名篇《多收了三五斗》就取材于半个多世纪前"金光"所在的乡镇。他们的学生绝大多数是农民或者半农半商者的子弟，虽然教育家叶圣陶曾在附近教过小学，学生读书的习惯比起"娄葑"还是要差些。

"金光"的教员略感叹息地说，他们为建数码社区，向镇政府递交了建两个计算机房的报告，镇政府暂批了一个。虽此，比起中国诸多小学来，这个拥有轿车的小学，肯定能够跻身"先富阶层"。据悉，敦厚爱笑的朱永新在教育在线上流过一次泪。一个苏北的贫困小学的校长曾在教育在线给他留言说，他们一直在攒钱，想给每个教师发一本《新教育之梦》，但攒了好长时间也未能凑足。他问：能否先赊欠三分之一，圆了每个教师的梦？

以中国很多小学贫穷的现实为论据，"疑是派"推断，可爱的实验或可在更大范围内遭遇"不可信"。他们宣称，一项实验的完全价值，非但在于个案的成功与否，还在于成功的个案有无大规模推广的可能。

"坚定派"认为，如此论断纯属无稽之谈。"成长"和"超越"是新教育实验的本质追求，"滇南布衣们"的自发参与，从一个侧面证实新教育实验追求的不是可望而不可即的嫦娥的月。

由于是民间运作，政府没有投入一分钱。"疑是派"还怀疑缺乏造血功能的实验能否走到尽头？储昌楼说，他们的项目不但不收取参与者的任何费用，还给每个申请的学校免费送一块价值近百元的铜牌。他们的想法是：牌子是我们送的，你不好好做，我们就摘走。迄今，新教育实验的经费来源，基本上来自朱永新个人的讲课费和稿费。"疑是派"问：仅凭他个人的义务投入，新教育实验又能支撑到几时？

在美国，公益性项目不仅有稳定的资金支撑，支援者还可以获得一定的报酬，可是，推动新教育实验的骨干力量，除了一个教育在线的网管每月领取200元的电话费补贴，所有的人都在理想的驱动下尽并非义务的义务。凡此，无不让"疑是派"中有MBA或者MPA教育背景的人感到前途莫测。的确，没有理想的教育走不远，然而，仅有理想是远远不够的。

至于钱的问题，"坚定派"中有人断言，"这是一个不是问题的问题"。理由是：教育在线作为中国教育界的龙头网站，孕育着巨大的商业潜能。真正的难题在于，身在官场的朱永新，不能沾染任何"铜臭"，否则日后说不清楚。

宣称新教育实验可爱不可信的声音，部分来自教育理论界。教育在线上，人们偶然会看到这样的留言：当越来越多的人参加实验的时候，实验本身的学术规范、理论构建与操作手段，就显得很重要了。可是，即便是我，反反复复看了相关书籍资料，还是不太明白这个实验在上面三个方面有什么独特之处？

学者出身的朱永新，当然不会轻慢理论问题，但他坚持先行动起来，在行动中研究。他在接受《南风窗》专访时，援引了管理大师德鲁克跟经济学家熊彼特说过的一句话，大意是：学术研究如不能改善现实生活，又有什么意义？

乐呵呵的朱永新，对于"疑是派"的言论并不反感，但他表示，自己很坚定。每说到这里，他总是以乐观的形体语言，闪现出"办法总比困难多"的表情。

有坊间人士评论道：无论结果如何，一群理想主义者的新教育实验，在行动力困乏的当下，最起码对坐而论道的中国知识分子群体是一面镜子式的昭示。

（原刊于《南风窗》2004年第08期，作者章敬平）

聚焦新教育实验：把分数教育变成心灵的教育

一项起于民间的教育实验，一个学者的教育理想，却在短短几年迅速影响了全国数万名教师和100多万名学生。最近，新教育实验成为社会关注的焦点，一些教育专家认为它的最大成功之处在于它并不排斥分数，而是反对为分数而分数，它是在心灵的教育中顺理成章地收获分数。

新教育实验：心灵的教育

新教育理念最初是由全国政协常委、民进中央常委、苏州市副市长朱永新提出的。新教育就是心灵的教育。朱永新提出，儿童的学习不应该只是为将来的工作与生活做准备，教育本该是生活的基本方式，儿童今天在学校里所接受的教育，在为长远的人生与社会理想服务的同时，本身就应该是幸福的生活。

据朱永新介绍，新教育强调过一种幸福完整的教育生活，提出教育既要满足学生相对低级的内在需要，如安全与被爱的需要；更要促进学生萌发高级的需要，如爱他人、自我实现和社会认可的需要。同时，新教育实验希望能够实现人全面和谐地成长，让每个受教育者获得成功的智力、整合的智慧、高尚的德性和丰富的情感。

2002年9月，朱永新首先找到一所新办的中等水平的学校——昆山市玉峰实验学校，尝试着将他的教育理想落实到具体的行动中。对此，不少人认为，在全国普遍轰轰烈烈讲素质、扎扎实实抓应试的当下，他的努力无异于异想天开。然而，近5年的时间，这项民间性质的教育实验之火已经开始燎原。截至2006年12月，新教育实验共拥有14个实验区和430所实验学校，有63423名教师、1061886名学生参与了实验。

新教育实验的主要措施：六大行动

朱永新提出的新教育实验在具体措施上主要有"六大行动"。

营造书香校园：通过建设浓郁的阅读氛围，整合丰富的阅读资源，开展丰富多彩的读书活动，让阅读成为师生的日常生活方式，进而推动书香社会的形成。新教育要求实验学校的小学生在小学6年内读完100本课外书、聆听60场精彩报告、写完600余篇日记、每月都要做一个10分钟演讲、师生网上都有一个家、6年学一项有用技能。有了这样基础的学生到了初中、高中，再引导他们阅读100本必要的文学经典包括哲学著作。

师生共写随笔：通过教育日记、教育故事、教育案例分析等形式，记录、反思师生的日常生活，促进教师的专业发展和学生的自主成长。

聆听窗外声音：通过开展多种形式的报告会活动，充分利用校内外的各种教育资源，引导学生热爱生活、关注社会，培养学生积极乐观的人生态度，促进其多元价值观的形成。

建设数码社区：通过加强学校内外网络资源的整合，建设学习型网络社区，让师生利用网络进行学习与交流，在实践中培养师生的信息意识与信息应用能力。

培养卓越口才：通过讲故事、演讲、座谈、讨论、辩论等活动，使教师和学生愿说、敢说、会说，从而培养其自信心，形成终身受益的沟通和表达能力。

构筑理想课堂：通过创设一种平等、民主、和谐、愉悦的课堂氛围，将人类文化知识与学生的生活体验有机结合起来，追求高效课堂与个性课堂。

建立教师专业发展模式：专业阅读+专业写作+专业发展共同体

朱永新认为，作为课程、知识传递者的教师，其自身专业化程度不高，往往成为整个教育系统中最难突破、最难改造的部分，从而使系统其他方面的改进劳而无功。所以，新教育实验将行动的起点放在教师专业发展上。

一是向教师推荐阅读书目。专门针对不同水平与学科的教师分别该读什么和怎么读的问题进行研究，精心推荐了教师必读书目100种。

二是倡导教师亲自动手写文章。在新教育实验初期，教师的随笔主要是抒情性质的、随意的、生活感悟式的。随着专业发展思考的深入，新教育实验逐渐将教师的专业写作细化为五种形式：日常教育叙事，教育感悟，师生通过日记批阅、贺卡和书信相互编织有意义的生活（共写），教育案例及剖析，教学案例及剖析。这五种形式的教育写作各有不同的特点与作用，它们引导教师从各个层面对教育实验与自身进行反思，提升自己的教育思想，改进日常教育实践。

三是建立专业发展共同体。在实验过程中，朱永新等人发现，教师个人的摸索往往由于自身的思维假定而无法看清问题的本质，而要突破自身的局限，最好的办法是通过对话共同发展。所以，新教育实验提倡建立各种类型的专业发展共同体，在共同体中利用对话突破个体思维的局限。

通过几年的探索，新教育实验逐渐摸索出一条"专业阅读+专业写作+专业发展共同体"的教师专业发展模式，涌现出一大批在实验中成长起来的优秀教师。出版个人专著，以普通教师的身份参与学术研讨，到各地交流与讲学，在参加新教育实验的教师中已经是普遍现象。

创新运作方式：民间运作、网站管理

作为一项民间发起的教育实验，新教育实验的运作方式也有所创新，即民间运作、网站管理。所谓民间运作，是指新教育实验是一种自下而上地推动教育改革的努力，在很大程度上依靠一批有理想、有激情的一线骨干教师、教研

员以及部分理论工作者以兼职的方式推动。这种运作方式，不是一般机构中自上而下的垂直管理，而是借鉴企业管理的经验，以项目管理为核心，更强调效率与创造力。

限于核心成员多是兼职的现实，新教育实验对实验区的管理采用网络管理与课题管理相结合的方式。除了普通的课题管理之外，课题组在网络上构建了网络管理系统和实验学校地图，实验学校的实验资料以及过程记录在网络上同步呈现，既供课题组考察，也供教师监督。

在资金筹措上，新教育实验属于公益实验，不向实验学校收取一分钱的课题管理费用。2006年以前，新教育实验的经费全部来源于朱永新教授的稿费以及讲课费。从2006年起，新教育开始与一些基金会合作，接受一些援助以解决自身经费问题。目前，资金来源主要有企业或个人捐助，通过与基金会的项目合作解决一部分资金问题。随着实验的进一步发展，新教育也在探索不影响公益原则前提下的造血形式。

（原文刊于2007年9月新华网，记者包永辉，有删减）

总得有人去擦星星

为了让教育之梦成为现实

中国教师报：朱老师，您发起的新教育实验从2002年开始到现在有4年多的时间了，我们很想了解一下新教育实验的发展轨迹。当初，您为什么要做新教育实验？

朱永新：新教育的起源应该追溯到1999年。当时，我读到了管理学大师熊彼特在弥留之际说的一句话："我到了这样一个年龄、这样的状况，我知道仅仅凭自己的著作流芳百世是不够的，除非你能够改变和影响人们的生活。"熊彼特的这段话给了我很大的心灵震撼。很坦率地说，虽然我多年从事心理学、教育学的研究，也出版了很多著作，但是并没有真正走进教师生活，更谈不上影响和改变教师的生活。所以，当时我就决定要改变这一切，真正地走近教师，走进我们的教育。

当时我出去作报告，还出了一本书，叫《我的教育理想》。很多人对我说，朱老师，你讲得很好，写得很好，但是你做不到。这对我是一个很大的刺激。我就在想，既然大家认为我的这些理念是对的，这些理想是值得我们追求的，为什么又那么困惑，觉得无法去做呢？这些好的理想和理念到底怎样才能变成行动？

中国教师报：也就是说，当时您有一种强烈的愿望，想影响和改变教师生活；同时，您的教育理念也得到了很多教师的认可。于是，您就想通过行动把这一切变成现实，那第一步是如何迈出的？

朱永新：2002年，我找到两个很好的契机。第一个契机是教育在线网站正式开通。教育在线网站从2002年6月18日开通至今，一大批优秀教师在网络上成长起来，很多过去平凡甚至平庸的教师被点燃理想后，快速地成长。

但网络毕竟是一个虚拟的世界，我必须找到一所学校实施我的教育理想。第二个契机是，2002年9月，我在苏州昆山市找到一所学校——玉峰实验学校。这是一所2001年创办的公办民助的学校。当时我没有选最好的学校，因为新教育实验放到最好的学校，做的是锦上添花的工作，不能证明新教育理念；也没有选最差的学校，因为最差的学校面临很大的风险，没有激情，没有想做事的校长。于是，我找了这样一所新办学校开始我们的新教育之旅。不久，陆续有几十所学校加入新教育团队，当时还是松散式的联络。

中国教师报：能大致描绘一下新教育实验这些年的发展历程吗？

朱永新：2003年7月，我们在玉峰实验学校召开了全国新教育实验的第一次研讨会，有将近500人参加。当时有一篇报道说这是一次"中国教育的丐帮会议"。因为这是民间的、以农村困难学校为主的教育研讨会，一批有激情、有理想的学校参加了这次会议。这次会议振奋了我们的精神。

2004年，我们先后在江苏的张家港和宝应县召开了两次研讨会。2005年7月，在四川成都召开了新教育实验第四届研讨会。2005年11月，在吉林第一实验学校召开了新教育实验第五届研讨会，讨论"教师的专业发展"这一新教育实验面临的最关键问题。

2006年8月，在北京召开的新教育实验的第六届研讨会上，媒体把我们这次研讨会称为"新教育实验的进京赶考"。这次会议得到社会的广泛关注。

新教育实验走过了4年多历程，根据最新统计，全国24个省市自治区、

430所实验学校、14个实验区、63423名教师、1061886名学生参加了我们新教育共同体。应该说,整个新教育事业在蓬蓬勃勃的发展中。中国教育学会副会长、知名教育家陶西平先生说:"新教育实验会像一条鲇鱼,把中国教育这缸水搅起来!"应该说,这几年的历程,在一定程度上证实了陶先生的预言。

打造一支一流的教师团队

中国教师报:您想通过学校和教师的努力改变教育现实,那么这几年,新教育实验具体做了哪些事?

朱永新:对于中国教育来说,缺的不是理论,而是扎扎实实的行动。新教育实验的行动具有鲜明的特色。"六大行动"已经深入人心,那就是:"营造书香校园""师生共写随笔""聆听窗外声音""建设数码社区""培养卓越口才""构筑理想课堂"。

中国教师报:您现在说的"六大行动",好像与新教育实验开始时的提法有所不同了?

朱永新:是的。这里有几个变化,一是把"双语口才训练"改为"培养卓越口才"。这个变化是因为参加新教育实验的大部分是农村学生,尤其在"十一五"期间,我们更多地面向农村学校,让他们进行双语教育是很困难的,改为培养卓越口才以后,所有的学校都可以做。二是把"创设特色学校"发展成"构筑理想课堂"。这个行动是最难的,最初没敢放进去,不是说我对课堂不重视,任何教育活动如果忽略课堂就永远没有生命力,但是这个行动可能要经历漫长的历程。三是把建设数码社区作为一种保障,由原来的第五位放在了现在的第六位。

"六大行动"的提法有所改变,内涵进一步明确,但是在这4年中我们最初提出的四个改变都没有变化:第一,改变教师的行走方式,促进教师专业发展,让教师过一种幸福完整的教育生活;第二,改变学生的生存状态,希望学生也能够过一种幸福完整的教育生活，通过塑造未来的公民而创造未来；第三，改变学校发展模式，把学校改造成真正的学习型组织，成为真正的学习共同体；第四，改变教育科研范式，进行活生生的教育研究，恢复教育科研的整体感与生命力，而不是像过去那样把研究者与研究对象截然对立起来。

中国教师报：近些年，国家大力推行新课程改革，新教育实验和新课程改革是什么关系？新课程改革的核心概念是课程，新教育实验的核心概念是什么？

朱永新：我们应该找到一个更大的背景来理解新课程和新教育，这个背景就是素质教育。如果说新课程主要是从课程标准、课程及教材改革来推进素质教育的话，新教育侧重的就是通过促进教师的专业发展，以及倡导一种完整教育的方式来实现素质教育的理想。新教育需要新课程改革在学科教学方面的改革成果，但它自身也能够通过教师的专业阅读、专业写作和发展专业共同体的方式，促进新课程改革走向深入。

新教育实验的核心概念其实是"心灵的教育"，相比于教材等物化的改革，新教育关注的更应该是"人"，也就是"教师"和"学生"，关注他们日常的教育生活。

中国教师报：您怎么看现在的教师群体？

朱永新：一流教师队伍是一流教育的基础，有了一流的教育，才能成为一流的国家。这么多年来，我们在教师培养机制上出了问题。首先，我经常说现在是三流的学生在报考师范。2005年"两会"期间我就写了提案，希望国家重新建立师范教育体系。通过免费教育、定向服务，把那些真正优秀但家庭经济相对困难的优秀人才吸引到教师队伍中来。其次，我们的培养过程也是有问题的，师范教育到今天为止几乎还是老三门课，即教育学、心理学、教材教法，这样的体制培养不出真正的教师。最后，师范学生现在连教育见习和实习都很困难。很多学校特别是城市学校不欢迎师范生，认为师范生破坏了教学秩序，影响学校教学成绩。所以,师范教育培养过程不能产生真正优秀的一流教师。

到了单位以后,也没有一个好的能提升教师品质、打造一流教师队伍的继续教育机制。没有教师的成长,永远不会有学生的成长;没有教师的快乐,永远不会有学生的快乐。基于这样的现实,新教育实验所做的最重要的事情,就是在努力打造一支一流教师团队。

批评是新教育的财富

中国教师报:2006年3月,华南师范大学黄甫全教授公开发表文章批评新教育实验"吹牛",认为新教育实验提出了不合适的目标,比如"打造在国内外有影响的新教育实验""打造自己的学派",您接受他的批评吗?

朱永新:这是新教育实验几年以来遭遇的第一次公开批评。无论意见与方法正确与否,都是我们应该积极面对和认真思考的,因为批评是新教育的财富。

虽然有批评的声音,但我还是坚持全力打造植根本土的新教育学派。谈"派"色变是长期以来中国学术制度以及孤立的学术格局所造成的一个现象。历史上,很多学派是自然形成的,但也有很多学派是自觉地创建出来的,我们也以打造新教育学派为自己的追求。而且,从目前的情况来看,不论是从理论层面还是实践层面,新教育实验都有条件创立自己的学派。

我坚信,再经过5年的努力,新教育实验将会成为中国素质教育的一面旗帜、一个品牌。

这两个梦想,是我们所有新教育人共同的期待和目标。

中国教师报:采访您之前,有的老师说:"轰轰烈烈的新教育实验好像与我们的关系不大,只有从网络中才感受到它的存在,我们这里实实在在的分数评比磨灭了许多教师的爱心和耐心。"这里至少有两个问题:第一,新教育实验是不是流于形式?第二,新教育实验如何面对教师现实空间逼仄问题,如学校唯分是上的考核、家长的不合理期待?

朱永新：关于第一个问题，新教育实验有400多所怀着不同目的参加的学校，形式主义的东西肯定是有的。但是，一大批认真做的学校在实验中发展起来，这同样是重要的事实。

我多次在新教育实验会议上讲过，如果加入新教育实验的学校没有真刀实枪地去做，以为挂牌就万事大吉了，我们就会把牌子收回。2006年11月上旬，我在嘉兴秀洲的新教育实验区负责人会议上说，我们共有503所实验学校，但是最新的统计，这个数字变成了430所，有一些学校被淘汰了。

关于第二个问题，我一直认为，事实上，在任何状况、任何制度下，都是有空间的，都是可以探索的，只不过我们没有找到真正的空间，不知道怎样进行有效的行动。即使是带着镣铐，同样可以跳出精彩的舞蹈。在此，我想引用《阁楼上的光》中的《总得有人去擦星星》这首诗歌，与全体新教育人共勉：总得有人去／总得有人去擦星星／它们看起来灰蒙蒙／总得有人去擦星星／因为那些八哥、海鸥和老鹰／都抱怨星星又旧又生锈／想要个新的我们没有／所以还是带上水桶和抹布／总得有人去擦星星。我相信，星星会亮起来的！

共熬一锅"石头汤"

中国教师报：2006年9月初，您专门撰文向新教育人推荐《如何改变世界》一书。该书作者认为，成功的社会企业家有六大品质，第一品质就是"乐于自我纠正"。能否请您谈一谈新教育实验这4年多来走了哪些弯路呢？

朱永新：谈不上什么弯路。因为我们不是一个已经完全预设好的实验，而是与新教育实验共同体的成员"共熬一锅'石头汤'"。初期，由于我们一没专门的团队，二没充分的资金，加上我对发展的节奏把握不够，总课题组、新教育研究中心的人力资源跟不上，对实验学校的指导工作也不够，这都是需要我们在"十一五"期间加以改进的。

中国教师报：您说"新教育的'六大行动'……是几千年最伟大的教育智慧的结晶和成功教育实践的总结"，同时又强调要为实验学校"设计实在的解决方法"。现在，新教育实验在这方面的工作进展如何？

朱永新：2006年，新教育研究项目有了新的进展。童书研究项目组"毛虫与蝴蝶"闪亮登场，先后在苏州工业园区召开项目培训研讨会，一开始就做得深入而扎实，可操作性很强。与此同时，针对学生，我们逐步开发了"晨诵—午读—暮省"的新教育儿童生活方式，将"诵—读—写"融为一体；针对教师，我们逐步开发了"专业阅读＋专业写作＋专业共同体"的"三Z"项目，促进教师专业化发展；针对学校，我们逐步开发了校园文化系列，研究和打造有新教育特色的校园文化系统。这些都有若干项目研究做支撑，目的在于为每所学校、每位教师、每个学生甚至每对父母设计"实实在在的解决方法"。

中国教师报：除了这些，新教育实验还有哪些突出的变化？

朱永新：2006年是新教育实验变化最大的一年。年初，新教育实验研究中心成立，开始逐步引进专职研究人员，它标志着新教育实验开始从业余团队向专业团队发展。5月，新教育实验在上海召开秘书处工作会议，组织构架初步建立。

新教育实验的部分理论成果与实验教材，如《小学生诗词诵读》《英语美文诵读》等陆续问世，新教育实验的理论建设初见成效。

另外，新教育实验正式成立"公益部"，树立自己的公益形象，公益活动力度进一步加大。在灵山慈善基金会的大力支持下，2006年，我们在贵州持续开展深入的公益培训活动，在当地引起极大反响。目前，这一行动还在继续并将持续多年。

中国教师报：今后，新教育实验的重点是什么？

朱永新：目前，全国共有430所新教育实验学校，其中14个实验区占了大多数。一定意义上说，新教育的进一步发展取决于实验区，实验区做好了，新教育自然也就发展了，实验区做不好，新教育就相当于停滞。新教育实验"十一五"的发展，重点将放在实验区的建设、维护和指导上。

另外，我们还将借助公益的力量，加强对新教育实验个体户的管理与培训，计划启动"灵山——新教育种子"计划，重点扶持真正优秀的新教育实验个人，为实验研究和实验推广培训骨干，为实验区培训骨干力量，争取培养一批立足本地的新教育实验指导专家。

"我在考虑百年以后的新教育"

中国教师报：您是一名政府官员，可是您发起的新教育实验却是草根行动。您对媒体说，您周一到周五为苏州人民打工，周六和周日为新教育打工。那么，这4年来，您最大的感受是什么？今后还将继续这样一如既往地"打工"吗？

朱永新：我的身上混合着不同的角色：政府官员、教育工作者、政协常委，等等。让我感到欣慰的是，我的所有工作都可以通过教育很好地整合起来，从而使不同的角色相互融合而不是相互冲突。比如，我做政府官员是主管教育的，我的教育实践能够有效地促进我更好地决策，我做政协委员时所做的提案大多与教育有关，因此，多重身份反而让我获得一种特别的角度，更为全面整体地认识教育、思考教育。能够使不同角色相互促进，都服务于教育，这无疑是让我感到欣慰的事情。4年来，新教育实验的蓬勃发展，也让我越来越有信心。

比较苦恼的是时间总不够用，因此从2007年开始，除了成立实验区外，原则上我不再出去讲学。我希望有更多的时间做些新教育理论层面的思考。另外，现在我并不是非常在意参加新教育实验的学校数量，在考虑百年以后的新教育会如何，希望没有我朱永新，新教育实验还会继续发展。

（原刊于《中国教师报》2007年1月10日，记者茅卫东）

第二章

低手亦可摘星辰
——总得有人去擦星星

导读:

本章收录了媒体关于介绍新教育实验"十大行动"实施和具体做法的文章。我们可以了解到新教育"十大行动"产生的基本过程和来龙去脉,看到从最初的"六大行动"到目前的"十大行动"的清晰发展脉络,把握"十大行动"之间紧密的逻辑关系。

深层次上看,"十大行动"与新教育实验一贯注重的行动性高度契合,它从逻辑关系上呈现出一种自洽的必然。因为新教育注重行动,所以它所提出的措施和做法必定是可操作的、可执行的、可实现的,也是可以扎根、结果的,是可以复制的。因此,它才具有强大的现实生命力和久远的影响力。

从操作特点上看,"十大行动"不仅可以让实验区和实验校多管齐下,还可以根据实际情况进行单独的方案设计。实验校既可以从一个行动开始,也可以从几个行动一起开始,还可以从中选择适合自己学校的某个行动。它极具灵活性、适切性。

从教育教学过程上看,"十大行动"涵盖教育教学的各个方面和要素,如家校共建中的"家庭"、聆听窗外声音中的"社会"、缔造完美教室中的"教室"、师生共写随笔中的"师生"、研发卓越课程中的"课程"、构筑理想课堂中的"课堂"、建设数码社区中的"互联网"等。它不是一个孤立的、单方面的行动,而是一个有机的、完整的教育体系。

从教育教学效果上看,如果说教育随笔让教师看学生的表情变了,那么,完美教室的缔造则让课程无限生长。如果说书香校园的阅读让师生生命拔节,那么,理想课堂则让师生与知识、生活、生命实现深刻共鸣。如果说聆听窗外声音,让学生亲身体验社会,那么,每月一事则让学生道德习惯的养成进阶。不难看到,通过"十大行动",实验区得到全方位建设,实验校得到全面发展,实验师生收获了真正的成长。

教育随笔让老师看学生的表情变了

中国古代学界有"三耕"之说,即"目耕"(读书)、"舌耕"(教书)、"笔耕"(写作)。作为教师,这"三耕"风光占尽,不亦乐乎?相反,如果一个教师只会教书,而不读书、不写作,无疑是漫漫教师生涯中的一大憾事!

——选自江苏省吴江市梅堰实验小学教师孙惠芳《关于教育随笔的随想》

7月21—23日,这个夏天中最热的几天,在江苏昆山,一群人流着汗,激动着、兴奋着。他们像久违的老友,见面就握手、拥抱,又像从来不曾相识,总是在互报姓名之后才恍然大悟:"哦,原来你就是……"

这是一次网友聚会,是一次富有激情的聚会。它的正式名称是"首届新教育实验研讨会"。

来自全国28个省、市、自治区的400多位中小学教师聚集在玉峰实验学校的大礼堂,倾听新教育实验课题主持人朱永新教授作的"新教育实验的理论与实践"主题报告,以及教育学者李镇西就新教育实验体系下教师的阅读与写作发表的演讲,观摩山东教坛新秀苏静、玉峰实验学校教师邓超的新教育实验专题研讨课,为全国特级教师窦桂梅进行的现场点评和题为"为生命奠基"的精彩报告而鼓掌……

这次研讨会的另一主题是探讨教育在线网站的进一步发展。参加研讨会的

400多名教师大多是双重身份,他们既是新教育实验校的教师,又是教育在线的忠实网友。作为新教育实验的平台,教育在线倡导教师读书,为教师交流教学体会、探索教学改革提供了平等发言的空间,被教师称为另一种形式的培训。短短一年时间,它就取得了注册会员两万、点击率超百万的骄人业绩,成为全国颇具影响力的中小学教育社区之一。

一群人挤挤挨挨地站在玉峰实验学校的学生阅览室里,津津有味地翻看摆了满满一屋子的书。这是新教育实验展示的一部分成果,也包括玉峰学校教师一年来所写的教育随笔。《苏岱日进录》《孩子,我想对你说》《心呼吸》……教师把一篇篇随笔装订成册,制作了标题,配画了封面。这些书乍看上去并不精美,甚至有些粗糙,但它们是教师一字一句记下的教育心得、教育感悟。如果把这些特殊的书比作树叶,它定是饱满的,真正富含实践的汁液。

教师在朴实的教育科研中著"书"立"说"

一说教育科研,人们往往把它和"专家""艰深"这些词汇联系起来。可是有几人想过,真正的教育科研是什么?它和教育实践、普通教师应该是怎样的关系?对此,苏州市副市长、苏州大学教授朱永新有着这样的思考。他认为,那些对教育决策、教育实践产生影响的行为,就是教育科研。中小学教师搞教育科研,应该是从记录自己观察到的教育现象、感受和思考开始的,他把教师从教学实践中获得的东西比作珍珠,"把这些珍珠串起来,就是一条非常美丽的项链"。因此,着眼过程,注重发展,重视操作,强调行动性、开放性与生成性,成为新教育实验坚持的实践性原则,并将"师生共写随笔"与"营造书香校园""聆听窗外世界"等一起确定为六大主体实验项目。"我们应该允许教育有随笔式或散文化的表达,"该项目的另一位主要负责人李镇西肯定地说,"对于普通教师,甚至应该提倡这种表达——教育理念可以朴实地阐释,教育情感可以诗意地抒发,教育过程可以形象地叙述,教育现象可以激情地评说。"

毋宁说新教育实验朴实的科研观打动了教师的心,点燃了他们投身教育科研的热情。吴江市教研室的张菊荣老师深有感触地说:"长期以来,教育科研与教育实践是'两层皮',研究归研究,教学归教学,对教师来讲,教育科研总像蒙着一层神秘的面纱!现在好了,因为教师每天都在进行着教育实践,我相信搞这种教育科研,我们是最有资源的。"张老师不仅自己在教育在线上开设了个人随笔专栏《张菊荣日知录》,作为市教研室的教研员,他还鼓励本地区各个学校的教师写,有的教师一听写文章就感觉有些怕——那是多么高深、多么困难的一桩事哦!张菊荣就用非常平白的话跟他们讲:"教育随笔不像你想得那么难,比如你今天与一个学生谈了话,就可以把你们的谈话过程记录下来,你怎样说,学生怎样答,然后对你为什么这样问、他的回答反映了学生什么样的心理状态等进行分析;你也可以把你上某一节课的过程写下来,你怎么设计,学生怎么反应,哪一点让你感触最深;再或者,你今天读了一篇文章、一本书,也可以写下自己的感想。"有的教师听说写论文就头痛,张菊荣晓之以理:"论文我们怕,记叙文总不怕吧,倘若记叙文也怕,那也不要紧,我们可以像小学生写作文一样,今天写300字,明天写400字,日子一长,叫你不写恐怕也不行了。先动起笔来,写着写着,我们就不会怕了。"在张老师的带动下,仅一年时间,吴江区很多学校的教师都开始了教育随笔的写作。

不唯吴江,江苏已经有十几所学校参与了首批实验,山东、广东、浙江、福建、黑龙江、吉林、上海等省市的一大批教师也主动加入实验大军。也就是说,已经有成百上千的教师投身到写教育随笔的队伍中来了。

"成功保险公司"生意兴隆

身为苏州市副市长的朱永新是个有意思的人,他不仅点子多,而且点子的呈现方式也非常有趣。教育在线开通不久,他就发了条名为《朱永新成功保险公司开业启事》的帖子。这则形式活泼的启事一刊出,并没有立即"激起千层浪",想必,它在大部分人的心里翻起过一二层涟漪便平静了。却也不然,在身材高高的张向阳老师的故事里,这颗"石子"恰恰击中了他。

生活在偏僻的水乡小镇，他的生活也像河里的水一样平静。十年的农村教师生涯在平静中过去了，说起这十年，他竟有些沉痛："最为可悲的是，我这十年，基本上就没看过什么教育类的杂志，更别提阅读经典了。"30岁的某一天，他想自己也该做点什么了，于是每天看书，看教学录像，在点滴间做着提升教学修养的努力。由于方向并不是特别明确，他便时常像一叶漂在水上的小舟，在迷茫中也不清楚自己到底要去哪里。人在年轻的时候，需要类似火把的激情感召，他说朱永新的《理想的教育与教育的理想》使他豁然开朗。在激情的燃烧和理智的思考中，他渐渐地找到自己的定位：做一个有理想的教师。所以，当他看到"敬爱的朱老师"写的这则"启事"时，几乎是不由分说就来到小镇的网吧。他还记得自己在教育在线写的第一个帖子的标题是"在理想的家园中实践我们的教育理想：放弃霸权"。他有些腼腆地笑了："那文章写得很是笨拙。"但无论如何，一名年轻教师在追求教育理想的路上出发了。

"在写的过程中，'奇迹'发生了。"张向阳把自己的"随笔后效应"称作奇迹："刚写了两个多月，就有不少文章变成了铅字，其中《新课程如何贴近学困区》在2002年12期《人民教育》杂志上发表；在'小学教育论坛'上开设的《走近新课程》专栏，获得了相当高的点击率……"

然而，所谓"奇迹"绝不是天上掉馅饼，而是来自对教育理想的追寻，来自对教育的体悟，来自对"这一种"教育科研的执着。随着教育在线网站在教师中影响力的日渐提高，朱教授"成功保险公司"的"生意"越来越红火。登录教育在线，我们可以看到许多随笔专栏，个人随笔专栏有淄博市临淄区教研室于春祥老师的《春祥夜话》、吉林市小学语文教师张曼凌的《小曼讲故事》、笑春老师的《快乐启航——黄山一中高一（8）班成长故事辑》等；以学校为单位贴出的有《为爱勇往直前——吴江市盛泽镇第二中心小学教师教育随笔》《火花闪现——宁波万里国际学校中学教师随笔专栏》……像读故事一样去读它们，你会发现，再稚拙的笔触，都因来自教育实践的丰厚土壤，而有了金子般的质地。只要行动，就有收获——这正是新教育实验的价值取向。

教师看学生的表情变了

捡拾自己的珍珠，编织一串美丽的项链。"网龄"仅有几个月的吴江实验小学教师费建妹读了朱教授的《新教育之梦》，一下子便写下两篇随感。她激动于自己也能从教育随笔开始进入"最真实的科研"。更重要的是，她找到了努力的方向——从关注学生心灵开始，记下教育的点点滴滴，不断反思自己的教学，和学生一起成长。

和学生一起成长，教育随笔真的有这样的"魔力"吗？圆圆脸的费建妹老师说起写教育随笔，语气中有掩饰不住的兴奋："是教育随笔教会我倾听学生的声音，在和学生的心灵沟通中，我真切地感受到将自己融入学生的快乐；在激情飞扬的文字中，我享受到了教育的幸福。"朱教授不无欣慰地说："写教育随笔让教师看学生的表情都有了变化。"网名为"云生"的一位教师对此感触颇深："在坚持写教育随笔的过程中，我实实在在地发现自己变得愿意思考了，也善于思考、勤于思考了，教学行为不再盲目随意，对学生也变得温和。另外，我还感到教学工作有意思起来，生活也充实了。看来，朱教授的'成功保险'真的有'立即支付'的效用！"

致力于新教育实验推广的张菊荣说，对那些师资等条件相对较弱的学校，我们也不着急，慢慢来，毕竟新教育实验不是为好学校锦上添花，而是要造就一批优秀教师。提及金家坝中心小学一位叫张秋瑛的老师，他言谈中更多的是景仰："她再有四五年就退休了，可是写随笔、参与实验积极得不得了。我去金家坝特地看过她，这么一个由民办转公办的教师，老实巴交的，你几乎不会想到她也在网站开始了她的新追求。"也许是善于进行理性思考的缘故，张菊荣对教师写教育随笔这一行为有更深的认识："其实，写教育随笔只是一个手段，我们想以此来磨砺自己的思想。"

的确，通过写教育随笔，教师的面貌发生了变化，他们的文章因为带着来自实践的新鲜气息而不断地被教育报刊登载。更重要的是，写教育随笔，教师在专业成长之路上起航了。至今已写了200多篇随笔的张向阳认为自己写这些文章的过程,也是找寻自己的位置和价值的过程。"我越写就越清楚地意识到我是一个小学教师,应该是一个有追求的小学教师。"许多教师像他一样,写教育随笔已成为他们日常生活中的一部分。

（原刊于《中国教育报》2003年8月21日,作者王珺）

教给孩子一生有用的东西

朱永新在《中国教育缺什么》中论及了教育缺失及缺失成因。他的新教育实验以一个知识分子的建设对教育缺失进行力所能及的补缺。

教育一线呼唤教育在线

苏州市部分市民熟悉副市长朱永新的口头禅："我周一至周五为苏州市打工，周末为理想打工。"分管教育的朱永新在《新教育之梦》中论其理想是"实现全人教育"。全人教育具体为"六大行动"：营造书香校园、师生共写随笔、聆听窗外声音、建设数码社区、培养卓越口才、构筑理想课堂。该行动，朱永新称为新教育实验；该实验，现行全国21省市205所中小学、一所大学，多数地处农村，北京是清华大学附属小学、中关村一小。

朱永新为什么要进行新教育实验？他说是补缺失误。邓小平说过，"十年来我们最大的失误是教育"。朱永新在《中国教育缺什么》中论及了失误成因——缺公平、缺特色、缺理想、缺服务意识、缺人文关怀、缺教育理念……核心病灶是急功近利。其结果，不是教给学生一生有用的东西，而是一时有用，是为了某年某月某一天。初中三年是为了中考，高中三年是为了高考。因此，长跑12年身心倦怠的学生往往错将高考当终点，殊不知，此为人生起点。

学生为分而学，教师为分而教，见分不见人恶果。朱永新预测，6年功利教育将带给学生60年的混乱和迷茫。他在网上告诫教师，"教学生6年，我们要为他的60年打好底色。"我们，也包括他自己。直面中国教育失误，坐而论道者遍地，朱永新欲以力所能及的补救起而行道。

促成行道契机的是《管理大师德鲁克》一书。1999年，书中一段话终结了朱永新"也曾陶醉在文字变铅字的乐趣中"。约瑟夫·熊彼特弥留之际对亲友说："我现在到了这样的年龄，知道仅仅凭借自己的书和理论流芳百世是不够的，除非能改变人们的生活，否则就没有意义。"朱永新由此反省自己此前乐趣之意义——"等身成果中有多少改变了人们生活，多少改变了教育？"答案为零。

2000年夏，朱永新在太湖作一场4小时的报告——"我心中的理想教师"，已勾勒出他理想中的德智体美劳、学校教师校长学生父母，后将勾勒清晰细化在《新教育之梦》一书中。他的梦想来自30多年的思考和日本早稻田大学铃木慎一教授针对中国教育之弊警言："中国教育应避免对文化本质省察的懈怠，忽视青少年内心的主张和要求。懈怠忽视愈久，以和平哲学为基础的教育形成愈迟。"朱永新与铃木交流中，教育观不谋而合——"培养传承与发展人类文明的现代人"。培养路径，从教师入手；培养手段，则为网络。

2002年6月18日，朱永新拉开实验序幕——创办公益性网站教育在线。其费用，主为朱永新稿费、讲课费、科研费。"赔钱赚吆喝"的朱永新志给沉默的大多数教师一个吆喝、交流的平台。"唤起新生代教师激情，唤醒觉悟，让沉默的大多数不再沉默。"再就是，他欲在虚拟世界"看"到想听而听不到的真话。他提倡实名上网。朱永新在教育在线开篇道白："让我们一起为中国教育做点儿事。我是一座桥梁，希望大家顺利到达彼岸。"他开专帖"朱永新教育小品""朱永新教育小语"，发主题帖《教育，我的至爱》《把童年童心还给孩子》《教育家与教书匠》。他在《我心中的理想教师》中写道："……学生不满意教师在课堂、办公室里以两种声音说话，不满意用连他自己也不相信的话语征服学生，即鲁迅批评的'上讲台，讲空话，盲人瞎马，引入危途'。还有学生视教师为'教育警察'。我心中的理想教师是没有教育痕迹的交流，没有心理距离的对话。'要教育好学生,开宗第一,便是理解,倘不先行理解,一味蛮做,便大碍于学生的发达,所以一切设施应以学生为本位,绝不能用同一模型,无理限定'。""教育是让人成为他自己,而非千人一面、万众一心。"

朱永新提倡教师上网写教育随笔是受苏霍姆林斯基的启迪:"随笔教给我们思考,教给我们创造。"他初中时就在本上记日记、写随笔,后在网上写,迄今30多年。他希冀网友的随笔在交锋、认同、启迪、思考中推动教育改革。2002年6月26日,朱永新发帖《朱永新成功保险公司开业启示》:保期十年。投保条件:每日三省吾身,写千字文一篇,十年后持3650篇千字文(计360万字)来本公司。理赔办法:十年后,投保方未能跻身成功者之列,本公司愿以一赔十。保险公司第一投保人,江苏盐城张向阳。2002年10月12日,这位农村教师写下他的第一篇随笔《听课随想》。8个月后,竟有30万字,其中50余篇7万余字见诸报刊。张向阳将上小学的女儿作为新教育之梦的实验对象。昆山玉峰实验学校吴樱花为李靓靓写了成长随笔《孩子,我想对你说——学生评语系列》,邳州八义集中心小学校长感慨道:写随笔让教师"看学生的眼神都变了"。

朱永新读到虚拟世界里的真话——《体制改革带来超常发展》《课堂设问和情境创设》《追寻新语文教育梦想》《教师,你为什么跳槽》《新课程如何关注贫困生》《求解中国教育21道难题》……在《一个赤子的哭泣》一文后,朱永新跟帖:"我能为你做什么?"有网友抱怨"忙,没工夫写",朱永新问"你比我还忙吗?"于是,网友间便以该话相激,"难道我们比朱老师还忙吗?"教育在线盘点"内存"时,教学实践"升级"显著。迄今,教育在线注册会员82000人,点击率300万人次,有3000多名专栏作家。"教育一线呼唤教育在线",网友称这一网聚教育力量的平台是"网络师范大学"。平台由苗速生成树,朱永新始料不及。随其势头之猛,他添加功能,定位"上天入地"。"上天"是让上层听到下层的声音;"入地"即扎根一线。网上留下朱永新改革中国教育"上天入地"的呼声——《教育与人的现代化》《中国教育欠缺服务意识》《考试"地狱"》《停止"名校办民校"》……

迄今,网友面对面交流已举办三次。其间,最让朱永新感动的是37岁的

"滇南布衣"。来自滇南普洱县凤阳小学的"滇南布衣"舟车劳顿近70小时,只为"见见网友,说说心里话"。2003年7月底,朱永新与网友去云南安宁县、贵州遵义义务支教。今年去了陕西定边,宁夏中村、石嘴山市。

朱永新把家里的电话向学生公开,网址向市民公开。"哪所学校又办补习班了,哪所学校乱收费了……"他在《自从上了网》中畅言:"我听到了真话。真话使我多了压力,有了动力,促我思考和创造。"

2003年,朱永新当选全国政协委员。两会前夕,他征集网友提案。经整合,12份提案出台——《关于基础教育均衡发展的建议》《关于保障教师权益的建议》《关于设立国家读书节的建议》《择校之我见》……

新教育实验

教育在线尽管长势喜人,朱永新却有隔靴搔痒之感。同年10月28日,朱永新拉开实验正幕。他将新教育实验铜牌首挂昆山玉峰小学,期望该实验基地实践"六大行动"——小学、中学各读100本书,听100场报告,每天写日记,能讲双语,熟练使用计算机,办出自己的特色。核心理念为"为了一切人,为了人的一切"。他承认这些行动"并不是什么创新,仅是基于现实整合了传统教育精华"。其实,朱永新已在儿子朱墨身上做过实验:读书、写日记及随笔、使用双语、掌握电脑。他做苏州大学教务长时的实验是,本科生4年至少读20本世界名著,考试合格者,准予毕业。

现实世界,网络半统天下,读书之风日趋衰微。朱永新在苏州大学做过阅读调查,中文系没读过四大名著的学生达60%以上。上海一项读书调查显示:中国学生阅读量年人均五千字,而美国学生三万字。五千字中,70%家长为孩子选择的课外读物是教辅。朱永新视此为"有功利心的阅读"。一旦无功利驱动,阅读自会停止。教育的最高境界是自我教育。学生离校后,书籍就是自我教育的老师。叶圣陶言:"教育归根到底是培养好习惯。"遗憾的是,五千字的阅读量距离好习惯甚远。朱永新还做过教师阅读调查,数据显示也不理想。他在网上读到这样一份帖子《教师的日子这样过》——"教师的日子是迷＋忙。十年如一日的日子匆匆忙忙，教法理念的花样翻新迷迷惑惑……人到中年，上有老下有小，忙里忙外，一本书，几个月也看不完，哪儿有时间捧读啊！"朱永新跟帖，"你难道比我还忙吗？如果你让学生感到你持有的不是旧船票和重复昨天的故事，那你就读书吧！"阅读狭窄的教师，业务难以拓展。朱永新就此提请教师既读学生读的书又读教育名著，一为了解学生，二为从教书匠过渡到教育家。

朱永新以事例和数字论证阅读习惯之重。犹太人年人均阅读64本书。因酷爱阅读，犹太人亡而又兴。酷爱阅读的国度诞生了马克思、爱因斯坦，盛产诺贝尔奖得主及富豪。他由此得出："一个人的精神发展史就是阅读史。有阅读习惯的人的道德基准不会有大偏差，精神世界不会萎缩。一个民族的精神境界取决于公民的整体阅读水平，人类精神延续主要为书。"目前，教材仅是知识传授，远达不到精神归属，所以"六大行动"中，朱永新首倡"营造书香校园"——为精神打底，为人生奠基。

古人云：一日不读书，面目可憎。朱永新自己体会："一日不读书，心里没着没落的。"他焦虑远离书香的年轻网虫："失去书的滋养，以什么底气竞争世界，以什么本领立足社会，以什么教养修身齐家治国平天下？"他在阅读中发现名人多有论及读书之重——"书是人类进步的阶梯"（高尔基）；"无限地相信书籍的力量"（苏霍姆林斯基）；"在书中发现自己，检查自己，提升自己，超越自己"（罗曼·罗兰）；"生活中没书籍就如没阳光，没书籍支撑的智慧，就如鸟儿没翅膀"（莎士比亚）；"你玩索的作品越多，鉴别力越可靠"（朱光潜）。

朱永新欲把埋头题海，沉迷游戏机、网吧的学生移至书香上来。他在《读书改变人生》中论及其理想："由书香学校变书香社会，建学习型社会"。随后，他开出了营养结构均衡的书目，并亲随教育局乘大卡车前往杭州购书。

2002年11月，朱永新组织"21世纪教育沙龙"，主题为"营造书香校园"，宣言是"阅读，让全民族精神起来"。

"营造书香校园"行动，使香味次第弥散。常州武进湖塘桥中心小学设立三级书香网络——学校书苑、楼层书吧、班级书橱；宁波万里国际学校的"感动接力"书架24小时开放,自由还借。有人忧心有借无还,校长的思维却是,"因书读得还未达到君子境界"。朱永新问过校长丢书现象,校长承认存在,但不能因噎废食。其间,最具创意的是"感动接力——分一瓣书香给万里人",旨志传递文明。捐书者须在感动自己的书上写上推荐理由。如林语堂的《中国人》,推荐理由为:"君为中国人,应知中国事。愿林语堂笔下的中国人给你启发。"

张家港高级中学每月出版的《大语文阅读》,内含时代精品、古代经典。校长高万祥每期撰写卷首语,如《有书的冬天不会冷》《阅读是旅行》《阅读拯救自己》……高万祥如此做法,是因现行语文教育仅是应试工具。如果没有以自由阅读和超量阅读支撑的阅读,精神不会卓拔。他的理想是"让每个孩子都是读者、书痴"。他视图书馆为最好的课堂。因此,他亲自采选每本书。

对于口才训练,朱永新之所以建设它,是因他看到一代失语大军、寡言集体。他在《请让孩子"说"起来》一文中分析了一代独生子女普遍存在的"哑口"无言成因,"课堂上,拥有绝对话语权的教师使学生没胆量说、没机会说;家庭内,代沟造成的信息不对称又使他们不屑于说。久之,形成交流尴尬、沟通障碍。即使言说,嗓门亦细小"。朱永新透视"小嗓门看似私人之事,实际上是自信心问题"。大专辩论会辩手的就职业绩给朱永新以启发——"能干的人自然是能说的"。与他们交流时,朱永新发现其大多独当一面,业务能力强,沟通力强。为使沉默的多数不再沉默,朱永新倡议"让每个孩子说起来"——给每人在班级、年级、校际上5~10分钟的发言机会,不仅要说,还要说真话。朱永新做过调查,问学生什么最重要?结果令他痛心反思,"不是千教万教教人学真,千学万学学做真人吗?国家、社会最重要,这个几乎标准性的答案是真话吗?不说真话就不是真人,不是真人就是教育的失败"。

信息化是中国教育发展的加速器,互联网尚处萌芽期,朱永新便预测"它会改变教育",于是顺应潮流,提出"建设数码社区"。2002年,苏州市教育局买断某网站资源库,将其使用权下放各校,为我所用,取长补短,资源共享。在不少地方以"黑色""反动""堕落""色情"论及网络之弊时,朱永新变堵为疏,他说"堵则废,疏则立"。

上世纪80年代，美国《新闻周刊》评选出了世界最具特色的十所学校。日本四谷小学的特色是，每个学生都有发明或专利。荷兰一所大学是每个学生能用两种以上语言写作、对话。这一评选启发了朱永新："好的标准多样，特色却是唯一，留在历史上的是个性，有特色才有竞争力。"比如苏州，即因园林被联合国评为中国最具特色城市。特色，是朱永新评价学校的最高分值。他说："学校没个性，学生也难有个性，没个性就没创造力、竞争力。有特色才有出路。"朱永新的理想学校是："学校以特色兴校，学生以特色择校。"因此，他视察学校，不问升学率而问特色，问校长教育理念。特色形成重在校长。朱永新的理想校长"是为教师服务的，而非以教师成绩铺垫自己业绩；是为学生服务的，而非以学生升学率升迁自己"。他提请校长注意"歪才、怪才可能就是人才，不能用正常标准毁了非常之才"。

特色行动中，大多数学校已经和正在形成独树一帜。如第六中学以音体美见长，城东中心小学每人会两种以上民乐。校长的理念令朱永新欣慰："技能在次，主养性情。"同里二小、唯亭小学重书法，草桥小学写日记文学，昆山柏庐小学拿手中华经典诗文诵读，吴江市金家坝小学注重四季赛诗……特色建设中，朱永新纠偏一些学校以特长生混淆特色的问题，即用个别特长生装点门面，而非涵养每个人。

"六大行动"首创于尚文重教的苏州。朱永新承认"戴着镣铐跳舞"，但他"服从事实，相信真理"。"六大行动"现立足苏州，辐射全国。实施其中两项的学校，朱永新给其挂牌，如果走偏或背离，则摘牌。

值得一提的是，实施两年的新教育实验，部分费用来自朱永新的稿费、讲课费、科研经费。但这一支有着庞大志愿者群体的公益事业能做多大、做多久？朱永新的思路是"富帮穷"，如让205所学校中的富校结对穷校。

只要我在位一天，就不搞电脑派位

消灭薄弱校，拒绝电脑派位，办新父母学校，施行主副修制，是朱永新与教育在线、"六大行动"交叉进行的新教育实验的主张。

消灭薄弱校,他采取优劣结对形式抹平差异。七年前,平江实验小学与十一中一墙之隔,却是天壤之别。朱永新提出并校,实行九年一贯制。并校,多数人担心把平江搞垮。朱永新反问:"为什么怕把好学校搞垮,而不怕把弱校拖得更弱?"扶持薄弱校,使之均衡发展,政府责无旁贷。他以木桶理论做比政府职能,"将最短的木板接长,取长补短"。事实给朱永新的并校举措打了高分。朱永新接着将东部一中与西部三元中学合并。此前苏州西部学校薄弱,大量学生乘车到东部求学。为保证相对公平,重点中学每年拿出30%的学额分配全市各校。现今,苏州70%~80%的学校是重点校,85%的学生就读重点校,强化重点即消灭重点,降低学生的择校成本。

对于电脑派位,朱永新深恶痛绝。这一新生事物看似公平、公正、公开,但事实上限制的是普通人,而给拥有金钱和权势之人以暗箱操作的空间,造成新的不公平。弱势群体拥有的资源本已有限,电脑派位的强制化再将弱势捆绑在贫瘠的资源上。电脑派位是成人让学生承载自己不能主宰并带有宿命色彩的命运,使学生人生观初建时便形成"人生而有别",背离教育宗旨。朱永新要将掌握命运的机会交给学生。他请家长、学生安心:"只要我在位一天,就不搞电脑派位。我们实行就近入学,允许自由择校。"

奥数被朱永新视为教育的另一病灶——"过头教育"。它在全国遍地开花,但果实呢?有数学天分的学生毕竟是少数,绝大多数是盲目从众,甘做绿叶并自费"陪太子读书"。奥数不仅使学生丧失童年,还抑制了以形象思维见长的学生的灵性,是扬短避长,是用别人的特长拆解、泯灭自己的特长。主办方是打着为了学生的旗号摧残学生。朱永新的理念是用人文教育教学生一生有用的东西。奥数对大多数人很可能一生没用或作用有限,但这一愿打愿挨的产业之花仍枝繁叶茂,挨打者尽管内心叫苦却不敢偏离轨道。朱永新说,中小学开展的是基础教育,大学才是兴趣发展、潜能拓展,现在颠倒了,竟异化成全民运动。他开根治病灶药方,"奥数全面停止,彻底取消,与升学彻底脱节"。朱永新在其力所能及的范围内,为捍卫学生童年,不支持奥数发展。对有数学天分的学生,他建议可在寒暑假、夏令营释放能量,积蓄能源。

朱永新把家庭说成"最容易出冤假错案的地方"。为减免冤假错案,他办了新父母学校,又称父母教师学校(PTA),旨在形成学校、学生、父母三方互动的新教育。年轻人尤其是老少边穷地区的青年结婚后,顺理成章生子。如何抚育孩子成人?多沿袭传统,要么放羊,要么棍棒。传统管教与21世纪信息撞出诸多矛盾。苏州娄葑第二小学是朱永新的首家实验点。专家讲课后,朱永新问父母感受,反馈是"一直以为不打不成才,原来孩子不能打啊""按老师讲的试试看,多表扬少批评"。专家未及之地,朱永新邮寄光盘,资源共享。

朱永新言他身具三重角色:知识分子、政府官员、政协委员。作为知识分子,他代表社会良知,是不公正制度的批判者;作为政府官员,是建设者;作为政协委员,是谏铮者。他明确"当官是暂时的,从教是一生的"。因此,他较中意教师称谓。作为教育战线上的一员,他在网上畅言:"我无力改变制度,但可以在制度空间里做力所能及的改良。"

4年来,诗人气质的朱永新在书房"滴石斋"中,力所能及地渗透并躬行着这样的理念:"教育是一首诗/诗的名字叫热爱/在每个孩子的瞳孔里/有一颗母亲的心/教育是一首诗/诗的名字叫未来/在传承文明的长河里/有一条破浪的船。"

(原刊于《北京青年报》2004年12月,记者李彦春)

解析新教育理想课堂三境界

7月13日，在新教育实验第八届研讨会上，新教育实验发起人朱永新教授提出理想课堂的三重境界，一解教师心头之惑。

四种"课堂话语"

其实，关于课堂教学的研究，源远流长。

从孔子的"愤悱启发"到苏格拉底的"产婆术"，从夸美纽斯的班级授课制到赫尔巴特的"四段教学法"，从泰勒的《课程与教学的基本原理》到佐藤学的《静悄悄的革命》……几乎所有教育学者都试图破解课堂教学的奥秘，并为此贡献了许多知识与智慧。但朱永新认为，"大部分一线教师仍然没有找到'芝麻开门'的方法"。

为了解决这个难题，当代中国的教育界人士也积极投身其中，研究不辍，出现四种主要的"课堂话语"："公开课的课堂话语""面向应试的课堂教学话语""民间校本课堂教学话语""学院派课堂教学话语"。

"公开课占据了公开的、桌面上的话语，面向应试的课堂教学话语则成为桌面下的更日常、更普遍的事实话语。"朱永新表示，"这两种课堂教学话语都不是我们想要的理想课堂话语。"

而后两种话语正在被越来越多的学校和教师接受。它们是以洋思中学、杜郎口中学等为代表的民间标本课堂改革话语和以叶澜、钟启泉、王荣生、顾泠沅等人为代表的"课程理论＋实验"的学院派课堂教学话语。

在朱永新看来，民间的课堂实践正成为热潮，日渐从教师的表演改变为学生的学习，从少数课的卓越表演改变为追求每一堂课的实效，并已经取得令人瞩目的成就，"值得关注和尊敬"。

而学院派话语因其复杂性，一线教师难以理解与掌握，"课堂占有率"还很小。"但因为这种话语的历史深度，以及科学的态度，它或许是最有生命力的，并能对明天的课堂教学产生深远影响。"朱永新说。

一个"自我定位"

为了构筑理想课堂，新教育对以上四种课堂话语进行研究性理解、批判性吸收、创造性调和，目的是提出新教育课堂话语的自我定位——想要拥有优质公开课的课堂活力，但更想让活力呈现于日常的课堂中；想拥有应试课堂话语同样想要的成绩，但希望是以一种人性的、人道的、科学的方式来实现；想如洋思中学、杜郎口中学等民间标本课堂改革话语一样，是简明、基于自身的，但也希望它能够经得起学理解释；希望是能被高度理论化的，但更注重应用于实际课堂。

拥有这样一个理想的课堂，"'让师生过上一种幸福完整的幸福生活'才有了根"，朱永新说。

他认为，如果课堂不能给学生以智慧的挑战、情感的共鸣、发现的愉悦，只是让他们成为容器消极地接受、被动地应付，学生一定不会享受幸福完整的幸福生活；如果不能让教师的生命在课堂里发光，魅力不能在课堂里展现，教师只会成为"到死丝方尽的春蚕"和"成灰泪始干的蜡烛"。

"视学舍如囹狱而不肯入，视师长如寇仇而不欲见。"这是王阳明在数百年前描述的一种可怕状态。为了让学生远离这种状态，新教育人开始了研究：

2002年，理想课堂的"六度"（整合度、参与度、亲和度、自由度、延展度、练习度）正式被提出；2004年，"构筑理想课堂"成为新教育实验"六大行动"的重要组成部分；2006年，"有效课堂""课堂的多元文化理解"和"风格与个性化课堂"的研究目标确立；2008年，有效课堂的框架正式在学校进行田野探索，并锤炼出理想课堂的"三重境界"。

<h2 style="text-align:center;">三重"理想境界"</h2>

朱永新描述的理想课堂的第一重境界为：落实有效教育框架，为课堂奠定一个坚实的基础。

这正是长期以来人们一直希望寻找到的规范课堂教学、提高课堂教学效率的模式。事实上，自古至今，形形色色的课堂模式层出不穷，但缺乏一个公认的课堂结构，一个可以有针对性地描述课堂、反思课堂、讨论课堂的结构。"正是因为这一公共课堂话语的缺失，在课堂评议时，参与者往往自说自话，用不同的词典解释同一堂课，最终无法通过有效的对话，达成共识。"朱永新说。

这成为新教育人进行课堂框架研究的起点。"我们希望这个框架，可以成为我们理解课堂的一个工具。"朱永新表示。这个框架分为教学目标、预习作业、个体学生学习清单和教学板块。"预习"被朱永新视为这个框架的一大特色。"预习是学生独立学习的机会，不应只是为课堂教学做一些准备工作，而应尽可能地针对所有教学目标，是真正的自主学习。"教师列出个体学生学习清单，也是为了重新确立"教为学服务，让学生的学习成为课堂的真正核心"的思想。教学板块则要求课堂清晰划分若干板块，注上每个板块要解决的目标及可能所需时间，在讲究必要的节奏、方式灵活多样的基础上，让每一分钟都有所计划、富有成效。

理想课堂的第二重境界是：发掘知识这一伟大事物的内在魅力。

这里所讲的"知识"，不能理解为静态的写在书本上的知识，而要视为一个动词、一个有待重新发现的事物奥秘，以及发现这种奥秘的方法和过程。朱永新认为，优秀的课堂教学，就是要重现这一神奇的发现与创造的过程，核心是智力挑战、思维训练。

理想课堂的第三重境界是：知识、社会生活与师生生命的深刻共鸣。

朱永新认为，理想课堂不会停留于人与知识的对话这一维度，而要展开三重对话：人与知识（世界、文本）的对话、人与他者（教师、学生、其他读者）的对话、人与自己的对话（反思性的）。

"只有这样，我们才能说，课堂教学不仅实现了知识的复现，而且也实现了人的复活——师生生命的复活。"朱永新表示。

（原刊于《今日教育》2010年3月，作者曾国华）

完美的教室　靠完美课程实现

"学校最重要的单位在哪里？"许多校长可能还没有认真思考过这个问题。在新教育实验区江苏海门市的一次校长俱乐部活动上，现场诞生了不同的答案：教导处、教科室、年级组等。最终，校长们在讨论中达成共识：学校最重要的单位应该是班级和教室。

这符合新教育的理念。民进中央副主席、中国教育学会副会长朱永新发起的新教育实验，倡导了不少教育理念和行动，其中包括"缔造完美教室"。不久前，山东淄博召开的新教育实验年会就以此为主题。朱永新在大会主报告中提出，一所学校的品质，很大程度上是由一间间教室的品质决定的，新教育实验的最终成就与品质，也取决于每一间教室里的故事与成就。

他说，缔造完美教室，就是要让教室里的每个学生穿越课程与岁月，在各方面训练有素又和谐发展，并一天天地丰盈着、成长着。

因此，朱永新认为，缔造完美教室有一个绝对的"硬指标"：所有学生在教室里都有可见的进步——无论是在道德上的、情感上的还是智力上的。他说："教室一头挑着课程，一头挑着生命。没有生命绽放的教室，就不可能是完美教室。"

在山东淄博的常丽华老师看来，每个学生每天早晨期待着来到教室，不知道教师又带来什么新的东西，觉得一天的时间非常短暂，这就是完美教室。

"这样的教室，不是靠仪式、靠活动、靠庆典构成的，而要靠完美的课程实现。"朱永新说。

据了解，参与新教育实验的许多学校，除了开设学科课程，还开发了经济学课程、旅游课程、电影课程、童话剧课程、开学课程或毕业课程等。

浙江萧山银河小学的韩婧老师开发了"以儿童课程为核心的小学入学第一周课程"，借助"晨诵—午读—暮省"活动，提供符合学生年龄特征的诗歌童谣、有趣的绘本故事以及经典的动画影片，同时用写绘的方式让他们表达自己观察到的校园和教师，消除学生对陌生环境的畏惧与恐慌心理，并将如何就餐、怎样如厕、如何整理物品箱等内容融入课程，帮助学生顺利迈出求学之路的第一步。

朱永新说，一般学校过早地（几乎就是开学第一天）进入学科教学，或过严地进行"规则教育"，都会令学生产生极大的心理反差，从而出现畏学情绪。畏学、恐惧恰恰是学校教育的最大敌人。

新教育实验的这位发起人说，我们的学生在舞台上说"幸福"，我们的教师在教室里说"幸福"，有时候这些"幸福"是装出来的。当教师真正得到学生发自内心的喜欢和尊重时，双方才是幸福的。

参与新教育实验的一些学校为了提升这种"幸福感"，开始注意细节。他们告别了用数字为教室和班级命名的方式，而是取了许多与众不同的班级名称，如海门海南中学的"不一班（般）"。此外，他们还将班徽、班旗、班歌、班训、班级承诺（誓约）等，作为班级文化建设的组成部分。

朱永新提醒说，这些外在的东西好做，真正难做的是三个关键词：良知、孩子、日子。他说，一个好的教师的最大成就不是帮助了最好的学生成长，而是帮助那些落后的学生得到最大的发展，并且关注到每个人、每个心灵。

对教师来说，做好几件事容易，对待几个重要的日子容易，但是要每天都用心去做，很不容易。"从某一刻起，一位教师（或几位教师）和几十个学生相聚在一个叫教室的地方，生命中一段最重要的时光在这个叫教室的地方度过，大家的成就与挫败、悲哀与喜悦源于此，我们能够对它无动于衷吗？"他说。

（原刊于《中国青年报》2012年8月17日，记者李斌）

让每一间教室无限长大

——区域推进"完美教室"项目的实践与思考

教育最终要惠及学生。每位学生都是在特定的班级和教室里成长的，教室的力量决定着学校真实的教育成效。《中国教育报》曾向全国教师推荐《第56号教室的奇迹》这本书。组织共读之旅中，"第56号教室"作为具有象征意义的代码在海门得到传播。区域推进"完美教室"项目，旨在让每一个教室都像"第56号教室"那样无限长大，创造出无数个生命传奇。

愿景引领，形成共同朝向

两年多前，我们提出"完美教室"的美好蓝图——

教室是图书馆，是阅览室；教室是实践场，是探究室；教室是操作间，是展览室；教室是信息资源库，是教师的办公室；教室是习惯养成地，是人格成长室；教室是共同生活所，是生命栖居室。

缔造完美教室，就是以激活、引发师生和家长的生命潜能为目的，从"无限相信每一个人""无限相信每一个班级""无限相信每一个行动"出发，尊重、满足、善待、成全每一个生命；让教室里的每个生命在穿越课程与岁月的过程中，一天天地丰盈、成长，不断朝向幸福与完整，走向优秀与卓越，让教室成为美好事物的核心地带。

项目研究，形成系统架构

满怀着对"完美教室"的憧憬与执着，"完美教室"工作室应运而生。

研究以班级文化构建为总体目标，以共读、共写、共同生活为共同愿景，倡导师生与亲子在共同实践、共同运动、共同表演、共同旅行中，共同编织美好的教育生活。

我们以晨诵、午读、暮省为基本方式，每个班级都有适合学生需要的晨诵与午读课程，用心守住每一个日子。同时，建有班级博客或其他交流平台，师生和家长相互编织这个精神家园。通过"每月一事"，贯穿生命教育，把"规则、尊重、责任、诚信、爱心"等基本价值观融入其中，把教室生活聚焦在乐观健康、生命创造和共同穿越的课程上。这一过程中，我们关注每一个学生特别是外来务工人员子女、留守儿童、随班就读学生、残疾儿童等的健康成长，创造丰富的教育资源，满足多层次的教育需要。

生命叙事是呈现榜样故事、榜样细节的最好方式。这样，可以用榜样激励新的榜样，以故事引发新的故事。这两年，海门市组织了多次面向全国的缔造"完美教室"开放周活动。通过生命叙事、现场展示，呈现了"完美教室"的探索旅程，形成独特的学校文化风景。

典型引路，形成鲜明主张

"完美教室"工作室组织了多轮培训，以一个个鲜活的案例、精致的细节，不断与教师言说完美教室的基本主张——

我们主张要有完美教室的"价值系统"，让文化为教室立魂。个性化的班名、班徽，鲜明的班风、学风等一定是师生共同参与确定的；班级愿景、公约也一定是经过认真解读内化于心并在日后的共同生活中积极维护与外化于行的；我们主张要有"雷夫＋克拉克"的教室风格，有卓越的班级课程体系，让知识经历重新发现的过程，有诸多优秀的细节文化组合成共同的行为方式；我们主张要有师生乃至家长共同经营的班级博客或信息平台，师生与家长保持密切的交流和沟通，有周期性的师生与家长共同的活动；我们主张拥有班级自己的仪式、节日和庆典，并使之作用于每个人的心灵；我们主张建设班级的社团组织与多样化的评价体系，使班级所有成员有美好的共同朝向与积极的生命状态，每一个班级成员都能成为最优秀的自己。

且行且思，形成幸福之源

在缔造"完美教室"过程中，海门教育人且行且思，形成《完美教室——中国百合班的故事》和《一间可以长大的教室》两部研究专著。我们试图借助这样一个小水滴，折射出教室的光芒和美好的愿景。在教室里，信任儿童是教育幸福的种子；理解儿童是教育幸福的萌芽；阅读经典是师生精神富有与精神成长的不竭源泉；创造美好的当下生活是师生幸福生活的奥秘；传播幸福是教室价值的最高体现。

如何理解"完美教室"，如何实践"完美教室"，这是一个没有标准答案的问题。因为每一个教室都属于他们自己，属于与这个教室密切关联的生命成长共同体。完美教室会因各种元素的差异而丰富多彩、各具特色，必然形成匠心独具的哲学考量。"完美教室"是传统意义上教学场所的无限扩容，又是现实生活的适当微缩。它将与这个教室相关的全体教师、学生和家长都涵盖在内，组成一个成长共同体，尊重生命，热爱自然，崇尚阅读，朝向未来。这是一间可以无限长大的教室。

（原刊于《中国教育报》2013年5月2日，特约记者许新海）

第三章

我以我手写我心
—— 书写教师的生命传奇

导读：

本章主要选取媒体关于新教育教师成长的文章。

教育是人的事业，因人而在，为人而在。在影响教育的诸多因素中，最重要的还是人的因素。遍览中国当下所有的教育改革实验，无论是新课程改革，还是新基础教育实验，我们都不难发现一个有趣的现象：这些教育改革实验都有不同的逻辑起点和指向归依，但唯独只有新教育实验明确提出以教师成长为起点，最为重视教师的专业成长。这或许既是新教育实验的特色之一，也是新教育实验吸引普通一线教师的重要原因。原因很简单，就是因为新教育实验是真正把教师专业成长作为根本、作为起点的。

新教育实验认为：在中国目前的教育教学状态下，教师在教育教学中的作用远远没有得到重视，教师自身的成长更是被严重漠视。我们不难理解这样一个普通而朴素的道理：没有好的教师，就不会有好的教学；没有好的教学，自然就不可能培育出好的学生。所以，从一开始，新教育实验就把教师成长作为逻辑起点。

教师像一粒粒种子，在新教育实验教师专业成长理论的雨露下，疯狂吮吸各种营养，快速成长，尽情绽放，开出一朵朵花来。所以，我们把他们称为"新教育实验的花儿""一群有种的教师"、新教育的"百万宝贝"、"戴着镣铐也能跳出精彩舞蹈的舞者"。再美的赞誉，都不为过！

这里由于篇幅限制，我们无法列举他们的名字，但每一个名字背后都有太多的精彩故事。故事里有悲壮，有艰辛，有泪水，但更多的是成长，是收获，是强大。在他们身上，我们既可以看到我国千千万万普通一线教师的缩影，也可以看到普通教师专业成长的艰难历程。从这个意义上说，一部新教育实验史，就是一部教师成长发展史，因为他们的成长推动了中国教育的向前发展。

创造完美教室

郭明晓至今还记得6年前遭受过的一次"毁灭性打击"。当时，她觉得自己被耀得刺眼的光"剥得体无完肤"。

那是2008年11月，小学语文教师郭明晓在成都参加一个名为"新教育儿童阶梯阅读"的活动，她有了一个可怕的念头——"自己没有资格当语文教师"，甚至对这份职业感到无比绝望。

那一刻，她只好暗自庆幸，幸好还有5年就要退休了。此前，她是四川宜宾名气响当当的小学语文骨干教师。校长夸她"敬业、优秀"，年轻同事用近乎崇拜的语气称呼她"郭娘娘（阿姨）"。她还担任教导主任，承担了新课程改革的省级课题，论文在省里获过二等奖。

自从那次重大打击后，郭明晓"痛定思痛"，"不甘心就这么按部就班地退休"。她打算重启教师生涯，辞掉了教导主任教务，专职教一个班的语文，并且开始实践一种名为新教育的教育理念和方法。

民进中央副主席、著名教育专家朱永新，第一次见到郭明晓是在2010年新教育桥西年会上。他回忆起年过半百的郭明晓讲述她参加新教育的故事时，"飓风在会上兴起风暴"。

"在中国，像郭明晓这样的教师既多也少。"朱永新说，"每位教师只要愿意，都可以像她一样掀起自己的风暴。"

不读诗歌的我，完全没有资格当语文老师了

2008年11月的一天，坐在可以容纳3000多人的成都空军礼堂，郭明晓没有预料到接下来会发生什么。

新教育？儿童阶梯阅读？面对两个新名词，郭明晓觉得自己就像个"傻子"。

意外的打击降临了。来自山东淄博的小学语文教师常丽华讲起她执教的《在农历的天空下》。这是她参与开发的儿童诗歌晨诵课程，以二十四节气为线索，选取跨越春、夏、秋、冬四季的古代优秀诗词，带着学生清晨朗诵。

当全场的听众随着常丽华的讲述一起朗诵那些诗歌时，郭明晓"只能睁大眼睛张望而张不了嘴"，她感到"无地自容"。

"常丽华将学生带到的高度，让我只能仰望。我的课堂竟然从没有那么美好过。"教龄将近40年的郭明晓近乎绝望地认为，"不读诗歌的我，完全没有资格当语文教师了"。

后来，郭明晓才知道，偶然邂逅新教育之后，"被颠覆"的不止她一个人。

一位网名"罗汉道格"的教师在教育在线网站上发了一篇帖子《颠覆人生的这一年》。他回顾走进新教育的时光，写下了这样的话："它几乎是我人生路上的一个大转折，这个转折中有太多的颠覆，几乎就像哪吒斩了自己的肉身然后被师父再用莲藕拼出活体的那种颠覆。"

另一个山东济南的女教师则说："我不知道，如果我未能遇到新教育，未能遇到网师（网络师范学院），是否会在这个岗位上无知地蹉跎下去。但是因为新教育，我感到庆幸。"

"颠覆"郭明晓这些教师的新教育，是由朱永新发起的一个民间教育改革实验。很多人问朱永新："新教育到底是什么？"这位教育实验发起人在很多公开场合回答，所谓新教育是以"帮助教师和学生过一种幸福完整的教育生活为目的的教育实验"。

他回忆，发起这个教育改革行动源于多年前看到的那本《管理大师》。书中即将辞世的管理大师熊彼特说了这样的话："我现在已经到了这样的年龄，知道

仅仅凭借自己的书和理论而流芳百世是不够的。除非能改变人们的生活，否则就没有任何重大的意义。"

郭明晓和新教育踉跄相遇，撞到的不过是这个民间教育改革实验的小小一角。那时，她对新教育毫无概念，更不理解什么是"幸福完整的教育生活"。

按照朱永新对新教育的设计，"阅读是改良教育的突破口"。在看上去比较宏观的路径下，"新教育"试图找到能撬动实验的小支点。用他的话说，新教育提倡可操作性，以适合更多教育者复制和创新。后来，就有了令郭明晓震撼的晨诵和"儿童阶梯阅读"课程。

在成都遭遇"毁灭性"打击之后，郭明晓开始像祥林嫂一样逢人就念叨新教育。她就像蹚进一条崭新的河流里，想去摸摸新教育这块石头。她琢磨着带自己班的学生晨诵，可是又很纠结，"晨诵必定是诗歌，是我从来不读的东西呀"。

这简直就是奇迹，我多年没达到的教学效果，在读写绘中却轻松地达到了

转眼到了2008年冬至，郭明晓的新教育尝试悄悄地开始，但她心里没底儿，"也不敢声张"。

起初就是依葫芦画瓢，她从新教育研究中心成员马玲那里看到了《九九歌》的晨诵操作方法。当时，她带的班是一年级，赶上进入数九天，正好适合读这首儿歌："一九二九不出手；三九四九河上走；五九六九沿河望柳；七九河开，八九雁来；九九又一九，耕牛遍地走。"

跟传统的课堂教学不同，按照新教育操作方法，学生跟着教师朗诵完这首儿歌后，还要课后跟父母一起做写绘。

交给郭明晓的写绘作业是一年级学生眼里千奇万状的寒冬。大多数学生是铅笔涂鸦，有的线条乱糟糟的，拧得像根麻花，或者一团杂七杂八的线球；还有的画作旁边搭配着笔画开得很远的几行字，里面还夹杂着汉语拼音。

但郭明晓不断从这些线条里找到惊喜。一个学生在描绘"一九二九不出手"

时，画了一个小男孩，双手插在上衣口袋，整个人裹在衣服里冻得瑟瑟发抖的样子，旁边还歪歪扭扭地写着一句话："冬天来了，下雨了，小朋友冷得把手放到衣服包里。"

这位资深语文教师发现，"一年级学生的表达能力远远超出大人的想象。当他们还不太会使用文字时，是完全可以用绘画来表达的"。

到了"九九又一九，耕牛遍地走"时，郭明晓看到了"奇迹"。一年级学生付环宇画了这样一幅画：一棵树干涂成褐色的腊梅树上，盛开着粉白相间的腊梅花。一个五官没画全的小朋友张舞着双臂，咧开嘴笑着。树下有一头牛，一对角竖向天，尾巴弯弯曲曲的，翘得很高。

他还用铅笔写了一段话："一头牛，它很 gū 单，在树下吃草，měi 有一头牛在它身边。hū rān 就看见个小朋友走过来，他就坐在牛的背上，他一不小心 shuāi 了一 jiāo，牛就笑了。"

后来，郭明晓从付环宇家长那里得知，"那天大人带付环宇去郊外感受九九天，结果打起了牌，把他丢在边上。他可能很无聊，就跟一头牛玩了起来"。

"这不就是拟物吗？他说一头牛很孤单，其实说的是他自己。一年级的学生已经会托物言志了。"教了半辈子书的郭明晓感叹，"这简直就是奇迹。我多年没达到的教学效果，在读写绘中却轻松地达到了。"

数九寒冬过后，新教育的种子在郭明晓的心里生根发芽了。但在别人看来，"她有点疯了"。她找校长请辞教导主任的职务。一个快退休的人打算重新回炉，成为新教育"网络师范学院"的一名学员。她近乎"疯狂"地啃读诗歌、儿童文学和哲学书，老老实实地写作业和"年度叙事"，作业不合格"绝望得要命"，害怕课程不过关，也想过要放弃。

为了做晨诵课程，过去跟诗歌几乎绝缘的郭明晓每天坚持读诗。她对诗歌变得敏感起来，有次读到仓央嘉措的一首诗，脑子里浮现出"在西藏看到的诵经、摇动转经筒和转佛塔的一个个画面"。她一遍遍地朗读，"又看到了一个个新教育人像犟龟一样前行在追寻隆重庆典的路上"。

她惊喜地发现，对自己这种"活得一是一、二是二的人"来说，"有丁点儿诗意，有丁点儿浪漫，真是太难得了"。

她甚至从诗歌里找到了年轻的感觉，"我的心在读诗歌中变得丰盈起来，变得年轻起来"。

死记硬背只会让学生越背越傻，要让学生把诗歌与自己的生命体验结合起来。

金子美玲、泰戈尔、金波、谢尔·希尔弗斯坦、狄金森、顾城，还有按照农历摘选的中国古典诗歌，一天天在清晨"唤醒"郭明晓的学生。她所理解的"唤醒"，不是让学生矫揉造作地朗读那些句子，而是纯粹的"兴发感动"。

在过去多年的教学中，郭明晓总是想教会学生如何朗读。她所在的学校还要求课堂上播放朗读磁带，对学生进行朗读训练。但她还是经常看到一些个头还不到讲台的学生吼着嗓子，拖着长音，摇头晃脑地读课文，令她觉得"好怪好怪，太难受了"。

"他嘴上读着，可是不理解，内心没有被打动，如何要求他读得有真情实感？"郭明晓为此感到苦恼。

在她看来，在应试教育的影响下，有些课堂有意识地淡化看似不会增加分数的朗读，尽管课后习题里经常不缺那道题——"有感情地朗读课文"。

她对教育终极目标的理解，已经从知识、能力转变为生命体的幸福

接触新教育之前，郭明晓很难理解"生命"这个看上去很大的词跟教育有什么关系。她从2002年开始承担学校关于"新课程实验"的省级课题。这个课题不仅仅关注学生的成绩，"更着重的是学生学习方法的掌握与学习能力的提高，注重的是他们终身学习能力的培养"。她早已消除对分数的膜拜，对应试也深感厌恶。

当时，有人提出要研究"关注学生生命体"。一看到"生命体"这个词，郭明晓懵了。她感觉到无法插手，它"也无法被量化啊"。她怯生生地绕开这个看似"虚无缥缈"的课题。

当郭明晓一脚踏进新教育，她需要直面"生命"这个词汇。她每年发在教

育在线上类似总结的文章,叫"生命叙事"。她每年要给班上每个学生写"生命叙事",代替传统的教师评语。几乎每月,她会给过生日的学生写一封生日信或者送一首诗歌,赞美每个独一无二的生命体。每封信的落款都是"爱你的郭老师"。

她试图用"生命历程"来理解学生的成长。她班上有个学生,在幼儿园时就出了名,到她班上时也遭家长和同学的"讨厌",甚至班主任坚信他有"多动症",觉得根本无法改变他。郭明晓对这个学生长期不遵守课堂纪律也感到束手无策。但她开始用生命史来看他的问题,知道他的问题出在环境上,"出在用不正确的方式来摆脱他的'困境',来获取家长、教师的关注与爱"。

找到问题症结后,她会对这个调皮的学生表达爱意,说"郭老师很爱你",但也会跟他商量要守纪律,"在遵守规则中获得教师的爱"。她还认为,改变这个学生,还要改变他的生活环境以及家长、教师的观念,要求家长和他坚持深度共读——"这谈何容易,但也要坚持下去"。

师生以及亲子之间的共读共写,是新教育倡导的一种建立生命联系的方式。郭明晓和学生共读《丑小鸭》《青鸟》《人鸦》《小王子》《绿野仙踪》等经典儿童读物。她启发学生"追求像天鹅蛋一样高贵的心",跟学生读到《青鸟》的"幸福花园"时,一起探讨"哪些是粗俗幸福,哪些是高雅的大幸福"。

那些儿童读物里的人物、意象逐渐成为郭明晓和学生之间的"心灵密码"。课堂纪律糟糕时,她问:"你们那颗高贵的心呢?"学生就会乖乖地守纪律。如果有人遇到难题想放弃时,她会说"你们就死在多萝西寻找幻境的黄砖路上了"。有学生嘲笑同伴时,她会带着他们再读《一百条裙子》,"让他们意识到自己行为的不友善"。

到了高年级,郭明晓打算带着学生排演童话剧,实践新教育的另一操作方式。她选择的故事题材是师生整学期持续共读的儿童书,如《人鸦》《青鸟》《绿野仙踪》《影之翼》等。到这个阶段,这个敬业的教师却当起了"甩手掌柜"。分组、改写剧本、导演、道具以及表演,她几乎都不插手,全让学生自己去完成。

在她看来,排演童话剧不仅是共读的深化,更是为"学生生命发展提供一个模拟的社会平台"。她要让学生有足够自由的发挥空间。

学生在课堂上讨论童话剧时就遇到了问题。每次讨论时,他们就你一言我一语,有的大声嚷嚷,还总爱打断别人说话。郭明晓在信里跟家长说:"孩子们以自我为中心,不会倾听、不在倾听中思考,是他们很大的缺陷。"她试着引导学生按规矩说话,"要发表意见得等别人说完再说"。

分配角色时又会有摩擦。有位女生本来要在《绿野仙踪》里演女主角多萝西,但她后来去参加一个汇演,等她回归"剧组"时,女主角有了新人选。这下子气氛有些僵持了。那个女生找郭明晓说她还是想演多萝西,这时郭明晓没插手,告诉那个女生"去跟组员们商量"。她心想,"这是学生遇到的一个锻炼如何与别人沟通以及寻找自我定位的机会,千万不能管"。

结果令郭明晓惊喜。出于尊重他人,那个女生放弃了演多萝西,但给自己找到了一个主持人的角色。学生之间的矛盾解决了。

郭明晓鼓励学生之间的良性竞争,每个剧中角色都要公开竞争。她看到学生在竞争中得到了磨炼。一个叫李欣慰的女生竞争《人鸦》里的角色失败后,神情非常沮丧,但她在日记里写道:"我没有竞争到这个角色,就当好导演和群众演员就行了。"她的妈妈欣慰地告诉郭明晓,"演不演这个角色不重要,重要的是她在挫折面前知道自己该做什么,而不是失魂落魄地找不到自己的位置"。

她不知道在那班学生心里撒下的美好种子,将来会面临怎样的风雨。她安慰自己——"不管以后会怎样,但至少他们曾经美好过"。

(原刊于《中国青年报》2015年1月7日,记者陈璇)

点燃教师以教育家情怀育人的圣火

让教师的光芒灿若明星。

对于新教育教师成长的实效与神奇,你不能不心悦诚服。

一位普普通通、平平凡凡的教师加入了新教育,他(她)就会变得信心满满,激情满满;智慧多多,幸福多多;乐此不疲,乐而忘返……

奥妙何在?

新教育实验发起人、当代著名教育家朱永新教授说:"新教育最大的成就,是点燃了许多普普通通教师的理想与激情,让他们知道教育原来可以如此美丽,教师原来可以如此生活。"

新教育给予教师的,是"一个开阔无垠的精神视野",是一个可以纵横驰骋的自由空间。这是教师成长的一种高端引领。究其"合理内核",新教育给教师点燃的,是以教育家情怀育人的圣火。这圣火,折射出八道夺目的光芒。

师本之光

新教育的师本价值观尤为鲜明突出。

他们认为:"站在教室讲台上的那个人,决定着教育的基本品质。"所有与教书育人相关的活动,都有一个共同的指向,那就是教师。"教师是教育过程中最重要、最关键、最基础的力量。"没有教师的发展，学生的成长就成为无本之木；没有教师的研发，课程就成为无源之水；没有教师的实践，理想课堂就成为水中之月。所以，新教育实验把促进教师成长作为逻辑起点。

这种对教师职业价值深刻到位的认识，使教师的职业尊严感和神圣使命感油然而生。

理想之光

"过一种幸福完整的教育生活。"这是新教育的核心理念，也是新教育美丽的"乌托邦"。

新教育人认为："教育生活应该是幸福的。教育既然是努力地去促进每一个人过一种幸福完整的生活，它本身就应该是幸福的。"新教育强调过一种幸福完整的教育生活，不仅仅有对教育终极意义的思考与追求，还有对当下某些教育问题的担忧与不满。当然，"幸福"不是片面强调感官的享受，而要加上"完整"。人应该是完整的、人格健全的，包括每个人的个性完整。

新教育人理想的彼岸是："一群又一群长大的孩子，从他们身上能清晰地看到：政治是有理想的，财富是有汗水的，科学是有人性的，享乐是有道德的。"

这样的"乌托邦"，怎能不让人心向往之？

生命之光

"教育·生命说"是新教育的一种境界，更是其教师成长的理念支撑。

"新教育的职业认同，是指生命个体对于职业价值的发现和体认，进而产生的心理归属感，也是帮助教师去践行教育思想的理念支撑，是教师走向卓越的重要途径。"新教育的职业认同以生命叙事理论为基础，主张每位教师的生命都是一个故事，他既是故事的主人翁，又是故事的作者。能否把自己的生命写成一部伟大的传奇，取决其本人是否真心、用心地书写自己的生命故事。

"生命，在课程中走向丰盈。"这是新教育种子教师们最真切的体悟。

崇高之光

谁选择了教师职业，谁就选择了崇高。

新教育实验把崇高论作为伦理学基础，振臂一呼："与人类的崇高精神对话。"

"教育是一项崇高的事业，其崇高建立于对每一颗稚嫩生命的呵护和关爱，对每一位生命尊严和质量的扶植，对每一颗纯真心灵的理解和尊重……新教育的理想让人崇高，让人有一种宗教般的情怀。"新教育人发自心灵深处的圣洁道白表明，新教育的实质就是教育的本真。

阅读之光

"专业阅读，站在大师的肩膀上前行。"

阅读是新教育人最关心的问题，他们认为："没有教师的阅读，就没有教师真正意义上的发展。"与渐行渐远的教育家对谈，是教师成长的前提，也是教师教育思想形成与发展的基础。具体读什么？"这需要教师在教育教学生活中，学习心理学的经典思想、教育哲学的基本观点、人类最好的教育经验及他所教学科的知识精华及成功案例。"

新教育认为，阅读能够让教师更加善于思考，让教育更加美丽。

行动之光

行动，是新教育实验的弥足珍贵之处。

"中国教育有许多弊端，但仅仅是怒目金刚式的斥责和鞭挞，虽然痛快但无济于事。对于中国教育而言，最需要的是行动与建设，只有行动与建设，才是真正深刻而富有颠覆性的批判与重构。"

行动论，是新教育实验的重要哲学基础之一。"只要行动，就有收获""只有坚持，才有奇迹"。行动论体现在教师专业发展方面，就是专业写作，主要是通过倡导教师撰写教育日记、教育叙事、教学案例、师生随笔等。"写作就是一种思考,一种加工。教师仅仅站在大师肩膀上还不够,还要学会教育反思,站在自己肩膀上攀升。"正如种子教师所言:"真我,在行动中逐渐强大。"

共同之光

新教育的教师成长,有一个显著的特点:不是教师独处"象牙之塔"里闭门修炼,而是教师与学生一起在日常的教育生活中共同成长。

师生共同"晨诵,开启生命的黎明";师生共同"暮省,做最好的自己";师生"珍惜相遇,许下共同愿景";师生"共读共写,点亮彼此生命"……

不仅是教师与学生共同成长,甚至是教师与学生、家长一起参与教育生活,共同成长。

共同成长,符合教师成长的基本规律,这是科学、有效的教师成长途径。

团队之光

一个人可能走得更快,但一群人才能走得更远。

新教育主张:"在专业阅读、专业写作的基础上,借助专业发展共同体提升教师的专业化水平。"这是一个极具宽广胸襟、极富智慧的促进教师成长的举措。因为共同体营造了一个成长的绿色生态环境,教师可以"站在团队的肩膀上飞翔"。

八道光芒,犹如八道重彩,绘就了一个主色调;犹如八首金曲,汇成了一个主旋律。那就是——教育家的理想,教育家的情怀,教育家的境界,教育家的智慧。

八道光芒,实质上就是新教育教师成长的八大特质。高端、前沿,紧接地气,别具一格。

祝福新时代的教育家从新教育的沃土中雨后春笋般地涌现出来!

(原刊于《未来教育家》2015 年 6 月,作者刘堂江)

于洁：坚守24年，为的是让学生幸福

——记昆山市葛江中学教师于洁

"我亲爱的于老师，你还好吗……突然特别想念在4楼的初三教室，因为有你，累却也是快乐的……"9月8日，昆山震川高级中学高一（3）班学生胡琼月给初三班主任写下了一封"感谢信"。

小胡口中的"于老师"，是昆山市葛江中学的于洁。45岁的她，已有24年教龄，当了23年班主任，影响了一届又一届的学生。

"天使"，是学生对于洁的称呼。不仅因为她长发齐腰、笑靥如花、温柔似水，更因为她对学生的耐心、细致和润物细无声的关怀。于洁常说，"哪怕要不了学生的成绩，可我也要让他们幸福"。

42万字书信让交流渗入人心

在于洁教过的学生中，有一个安静又有考试恐惧症的男孩子小志。他曾在作文中写道："每次总是满怀信心地去迎接考试，但是迎来的却总是失望，而且希望越大，失望越大，几次下来，便不抱希望，对学习也冷淡了。"

看到小志的状况，于洁提起笔给他写了一封名为《你的缓慢，我耐心地等待》的信：眼保健操的时候，我看见你又拿了扫帚在搜寻小的垃圾，从同学们脚下清扫出细小的尘土……春天了，万物都开始生长，一切都充满了希望。小志，我在你身上也看到了希望……于洁相信：当教师把深情的鼓励变作温暖的阳光，投射到学生的心灵深处，他就是春天里那棵开始发芽的小树，总有一天会枝繁叶茂。

渐渐地，小志变了：上课敢于主动提问了，功课一点点好了起来，考试时也不再生病了。初三下学期时，小志主动找到于洁，要求每晚推迟半小时回家，和寄宿生一起上自习课。半年后，成绩一直处于班级中等偏后的他，考出了自己最好的水平。

用信件与学生交流，是于洁找到的最适合的教育方式。"初中生正值叛逆期，苍白的说教起不了多大的作用，急风暴雨的责骂更会引起他们的反感。"于洁告诉记者，考虑到自己是个语文教师，打字也快，就采用了书信这样的方式。

教师教育学生的时候，有时候会因生气难免说出不得体的气话，而采用书信的方式，写的时候是比较冷静的，措辞也比较理性，这样可以避免和学生发生正面冲突，从而导致师生矛盾激化。于洁表示，"文字可以渗入人心，书信可以长久保存，言有尽而意无穷，这些都是书信交流的妙不可言之处"。

仅 2009—2011 年的这批学生，于洁就为他们写下 27 万字的书信。她将与学生的心灵交流，汇编成《草尖上的露珠》。为激励一个有作家梦想的学生，于洁写下 25000 字的《致青春》，一路记录她的成长，教给她更有效的学习方法。

民进中央副主席、著名教育家朱永新称赞这些是"傅雷家书式的文字"，点点滴滴，纯净水一样，淡淡的，是生命自然的流淌。

多元管理，学生争做"主人翁"

9月11日，刚从北京领奖归来，于洁便马不停蹄地写起"今天我要表扬谁"：表扬韩玉凤，王慧婷生病不在的时候，能够及时替代她收作业；表扬王静莼，英语默写有了很大的进步，已经连续两天通过……48个"表扬"，让学生的自信心不断增强。

"班级管理中，我让学生各司其职，每个学生担任一项班级事务，并一包到底,三年做好一件事,用这样的方式提高学生的班级主人翁意识,提高学生的责任心。"于洁告诉记者。

在班级开设学习用品小超市,一元钱拷问着学生的诚信,人文关怀营造了温馨的集体氛围。"今天我要表扬谁""每月风云人物""感动班级八大人物",于洁用各种方法激励着各个层面的学生成为最好的自己。

平时,于洁还会带领学生去敬老院,让学生体会老人的寂寞,从而更好地对待自己家里的老人;去孤儿院,学会感恩父母不离不弃的陪伴;到邮局寄包裹给贫困地区的学生,捎去冬衣棉鞋和书本,学会关爱他人,体会授人玫瑰、手有余香的快乐。

创建"每周家校联系单",于洁已经坚持了 15 年,提供家长与孩子交流的话题,教会家长如何与孩子交流;七年如一日地坚持教育博客《三年的缘》的更新,记录下学生青春成长的痕迹。目前,博客点击量已经超过 300 万人次,文字达 500 万字,照片 9000 多张。

于洁的良苦用心,学生看在眼里,感动在心上。为了班集体的幸福,他们自发承担起更多不属于自己的责任。2014 年 6 月,中考前夕,学校下发了一本政治的整理资料,共 48 页。虽然资料整理得特别好,但需要学生一定要看熟了,否则就算题目和答案都在手里也找不到。

于是,于洁借来了一本学生的政治资料,想帮着学生整理,可看看还是放弃了,还给了学生,毕竟她不是政治教师,无法归纳。

没想到晚自习的时候,学生金理找到于洁,给了她五张手写稿。于洁仔细一看,手写稿已经把资料的重点题目进行了归类目录检索,每个题型后面标上了页码,正是于洁想做而没能做到的事情,师生会心一笑。

立情才是最高意境

"很多教师把自己的工作是否成功立足在是否立言(发表文章或者出书)、立功(是否转化了个别学困生或取得了比较好的升学率)、立德(是否有了一定的教育思想）。"于洁却认为，立情才是教师成长与班级管理的最高意境。

陶行知先生的"人为大事而来"，是于洁最欣赏的话。24年来，她越来越清晰地明白，此生要做的大事，就是竭尽所能陪伴一批批的少年成长。

于洁班里的女生小悦，父亲车祸罹难，没有留给心爱的女儿只言片语。于洁想起小悦父亲曾经在"家校联系簿"上为女儿写过一段段充满爱心的留言，当于洁把"家校联系簿"送到小悦手中，小悦禁不住泪流满面……

于洁明白，仅有这个是不够的。她悄悄在书店翻阅很久，最后买下一本《优秀作文选》，在书中的某一页折了一个角，在10月12日小悦生日那天，把书送给了她。

小悦接过了书，打开折着的那个角，那一页上有一篇文章，是小作者遭遇了和小悦一样的丧父之痛后如何坚强成长的真实故事。小悦完全明白了于老师的苦心。

于洁还特意为小悦向全班学生布置了一篇作文《十五岁，我多了一份……》。小悦写道：现在，我就是家里的顶梁柱了！爷爷老了，需要我照顾；妈妈没有多少文化，这个家的将来就靠我了。我，一定要坚强起来！

在于洁看来，立情无时不有，无处不在。班级生活的点点滴滴，都因用情而显得温暖、温馨。"高尚的人性，就是这样一点一点汇集成的；班级'道德社区'的大厦，就是这样一砖一瓦用心搭建的。"

在一篇周记中，于洁看到一个外地求学的农民工子弟学生因为普通话不标准受到同学嘲笑后怅然的心情。她不是去批评嘲笑这个学生的学生，也不是对这个学生讲要自信，而是搜寻到一篇讲外来务工人员子女自立自强，最终赢得别人尊重的文章，展现在她的语文课上。

"大家讨论一下吧，说说这篇文章好在哪里？或者你特别喜欢哪些句子？你读完后的感想也都和大家交流一下。"于洁说道。

"我觉得他们很不容易，他们的父母在工地上忙碌，在菜场里卖菜，他们小小的年龄就要饱经生活的苦难。"

"他们小小的年龄就离乡背井，夜深的时候思念家乡，我看了觉得心里酸酸的。"

……

"说得好！那要是有人嘲笑你普通话夹生呢？"我笑道。

"没关系，看一个人做人和学习怎么样，又不是看你普通话标准不标准的。"学生七嘴八舌地说。

于洁注意到那个学生微笑了起来，也注意到有几个平日喜欢嘲笑那个学生发音的学生低下了头。

"您更像是个人生的导师，在迷茫曲折的人生路上，您先给我们亮起一盏明灯，我们也便不怕了。您教给我们女孩最重要的是气质，男孩要挺拔、有担当、有责任，我们都会记得！"一位学生在于洁的博客中留言道。

（原刊于光明网 2014 年 9 月 18 日，记者苏雁）

做织网的"夏洛"

回顾自己的专业成长,如果一定要寻找一个起点的话,和所有的名师一样,1997年,一节精心打磨的省级优质课,成为我专业成长最重要的起点。

那是优质课盛行的年代,我又兼具优质课教师需要具备的所有先天优势。为了那节课,我茶饭不思,反复研磨,数次演练,比赛之前几近失音,凭借个人努力和集体智慧,终于用一节课证明了自己。一纸证书,省级优质课一等奖第一名,让自己在一夜之间成为同行公认的"名师"。惊喜之余,更多的竟是惴惴不安,我悄悄地收起那张证书,生怕别人再提起。除了它,我不知道还能用怎样的东西来证明自己。

不知道是不是因为小时候太过自由,我一直觉得自己有着一颗不安分的心,总是向往着充满未知和挑战的生活。"因为拒绝一目了然的人生,将自己放逐于各种可能,遍地花开,山河浩荡。"初次读到这样的话,就深以为然。在成为同行艳羡的"名师"之前,我是一个酷爱生活,并热衷不断提升自我生活品位的人。颇具文艺情结的我,更愿意把时间放在自己的小资生活上,业余生活热衷服装设计,也拿到了国家级导游员的资质,期待着那些说走就走的旅行。那时的教育于我来说,仍是不远不近的一条平行线,教师的身份于我只是一种稻粱谋的手段,谈不上生命的旨归。我总是怀着警惕之心,有意地要将它和我的生活区分清楚,担心自己陷入其中,被所谓的道德模范绑架,成为蜡烛,身心俱焚。

优质课之后，更多的竞赛、评选接踵而至，而我似乎也成了最好的人选。2000年，在几番"过关斩将"之后，我入选河南省中小学百名教育教学专家，先后赴河南大学和华东师范大学进修。为期一年的脱产培训让我经历了前所未有的头脑风暴。顶级的课程专家和全新的教育理论带我走进一个陌生的领域。在一个个荣誉和光环的压迫下，我终究不知道如何让自己的教育生活充满意义感，反而因此陷入更深的焦虑。当时我所在的学校因为生源较差，无论自己怎样努力，都不能在高考排行榜中取得令自己和学生都满意的收获，也很难通过高考成绩获得外界的一致认可。我也经常因此而焦虑，在努力工作的同时会无端地陷入一种虚无的境地，不知道自己作为教师的生命意义究竟何在。如果说自己和其他同行真的有什么不同的话，那就是自己经常会做些分外之事，利用晚自修给学生推荐和分享美文，偶尔还会抽出一篇引申开来，探讨人生的意义。那时的我总是希望能借助这些小小的举动，帮助学生在应试的重压下得到些许缓冲。多年之后，在街上偶遇一些教过的学生，他们提到最多的便是那些美好的晚自修时光。

由于不知道自己应该具备怎样的知识结构，不知道如何让自己的教育生活充满意义感，不安分的我又做了一个决定。2003年，我考取了教育硕士，又一次重返大学校园，开始了一种自觉自愿的修炼，这是自己在专业成长道路上的一次刻意规划。读书、听课、查阅资料、作规范的学术论文……系统的学习，让自己有了相对丰厚的学术基础和较高的阅读视野。但修炼的目的究竟何在，对我来说仍是茫然。如何从现实中突围，突破自我，这些问题一直困扰着我。我一次次回到自己的内心，不断追问自己：什么样的生活才是我真正想要的？我渴望认识未知的自己，却总是无法看清楚。我对自己说，可以放弃很多东西，可以不为俗物所束缚，可以尝试着坚守，但为什么仍然找不到扎根的感觉？我渴望走进更深层的生命里去。

尼采说，以什么为职业，就要以什么为自己的生命意义之所托。每一个不曾起舞的日子，都是对生命的辜负。但职业如何与生命意义相连？如何在职业中找到自我存在的价值和意义？意义对于人生究竟有着怎样的意义？这一切在2007年的那个春天得到彻底改变。

2007年，随着工作调整，当时的我已经成为市教科所一名专职的科研人员。一次偶然的机会，我赴贵州省遵义市凤冈县参加了灵山——新教育贵州支教行动。当时的我并不知道，这次和新教育的美丽邂逅，会如此深刻地影响和改变着我的教育生命。

一段时间，对生命意义的寻找曾让我纠结很久，直到我第一次在《夏洛的网》中读到这样的话，立刻产生强烈的共鸣。"生命到底是什么啊？我们出生，我们活上一阵子，我们死去。一只蜘蛛，一生只忙着捕捉和吃苍蝇是毫无意义的，通过帮助你，也许可以提升一点我生命的价值。谁都知道人活着该做一点有意义的事。"我联想到自己的生活。是啊，此刻的我，不正像那只夏洛，面对教师渴望成长的眼神，用自己的热情和引领帮助更多的教师走上自觉的专业成长道路并乐此不疲。我也知道，这些讲台上的人最终也将影响和改变那些教室里的学生，让他们过上一种有阅读的生活。借助阅读，借助故事和文字，他们的精神得以更好地成长。皮亚杰、阿德勒、梅子涵、朱自强、王林、薛瑞萍、彭懿……我的阅读的指向性日渐明晰。

唤醒，让教师成为独立的思想者

2015年，我的好伙伴童喜喜用八个月的时间完成全国百所乡村学校公益行，她发出这样的感慨："绝望，是乡村教育真正的死亡。"其实，不只是乡村，城市教育同样面临困境。在教师群体包括城市教师中普遍存在的职业倦怠感已经成为制约教育发展的精神困境。作为一个教研员，我每天都要和各种教师打交道。我发现，在教师群里，少有目光炯炯、神采奕奕的教师，更多的是疲惫、倦怠，是自我意识的日渐丧失，是普遍的无意义感。我也深知，教育的复杂性在于"人"。所有关于教育的技术、模式、方法的改良都是有限的，除非它能把站在讲台上的人彻底唤醒、激活，否则便没有意义。一想到这些，有着拥有阅读推广梦想的我就会坐立不安。我对自己说,如何才能唤醒他们,让这些沉默的大多数重新点燃教育激情,拥有专业尊严,享受职业幸福,激发职业创造力?这是我面临的最初考验,也是最大的考验。我决定还是要做点什么。于是,白天,我奔走在城市乡村的各个学校,推广"过一种幸福完整教育生活"的理念,推广晨诵、午读、暮省的儿童生活方式,进行阅读课程的示范和讲座;晚上,将阅读推广中发生的点点滴滴的故事以日记的方式记录下来,并分享给教师。此时的教育,已成为我生命中不可分割的一部分。一年多的时间,十几万字的推广日记,记录着我和团队伙伴一起走过的日子。每一次研课,每一次分享,每一个触动我内心温暖的细节,让我和团队成员相互激励,不断前行,就像我在日记中写的那样:有一种幸福来自成长,有一种温暖来自团队。数十位教师的成长故事就这样在我的笔尖被发现和书写,这些进入我视线的教师突然发现,原来自己也会被人如此看重和欣赏,信心倍增。我一直认为,在教育的诸多功能中,唤醒是最重要的。

一位教师在随笔中写道:"生命中都有光,有的人暗淡,是因了遮蔽,因了蒙尘。除去这些尘埃与遮蔽,生命的光辉一定散发出其应有的光彩。再活一次,让光出来。"和新教育的相遇改变了我的生命轨迹,也让很多教师有了"重生"的感觉,找到了生命的意义。

2013年教师节,我收到了一位种子教师的来信:"今天是教师节,我思考了很多,想得最多的就是你。有很多话想对你说,千言万语,凝成一句话:何其有幸,在生命的拐角处遇到你!如果不是你,我不知自己还怎样在黑暗中无力地挣扎独自哭泣。是你,给了我改变生命状态的勇气!如果不是你,我不知自己还怎样在教室里混混沌沌地应付完一节节语文课。是你,给了我改变职业状态的勇气!请记得,你播撒的种子,很多已经茁壮长大,并能够抗衡风雨。"

我一直坚信,成长的力量源自人的内心,只不过有时需要恰逢其时的一个人、一件事、一句话去唤醒这种力量。

"你们必须努力寻找自己的声音,因为你越迟开始寻找,找到的可能性就越小。"这是我喜欢的一部电影《死亡诗社》中的一段话,我经常拿来和教师们分享。教师如果没有自己独立的思想，丧失独立思考的能力，要不了多久，就会沦为简单重复的教学机器，在温水煮青蛙一样的生活中一点点丧失自我。这样的人站在讲台上，是一件非常很可怕的事情。

改变，从阅读开始。2009年冬天，为进一步汇聚团队力量，培养核心骨干，我策划和组织成立了"润德屋书友会"，面向全市招募心怀梦想、渴望成长的教师加入。"润德屋书友会"这个名字是我们的一位团队成员起的，一是取意"富润屋，德润身"之义，二是英文"读者"（reader）的谐音。随着书友会影响的不断扩大，一些外地教师也纷纷加入。在团队的相互促进下，阅读、反思、写作成为教师从日常教育教学生活中突围的主要方式，也成为教师专业成长的快速通道。在我的邀约之下，修武县第二实验中学校长薛志芳也报名加入，并于2010年1月6日在校讯通开博，按要求交来自己的阅读史《读出人生新境界》。5年多的时间过去了，薛志芳校长共发表博文3936篇，平均每天两篇，记录人生感悟，关注教师成长，发现言说榜样。这些博文不仅记录着一个校长的精神成长，也记录了一所农村学校的突围之路。2016年，薛志芳校长被评选为2016年新教育智慧校长。有这样的优秀榜样不断涌现，追随者自不会少。继"润德屋书友会"之后，"圪垱店毛虫团队""武陟读书会""四棵柳读书沙龙""追梦读书之旅"……从市一级到区一级再到学校层面，各种读书团队如雨后春笋，教师只要愿意成长，每个人都可以找到队伍，加入团队。在团队中，每个人都会主动寻找自己的榜样，同时也为其他团友的成长尽上一己之力，彼此欣赏，相互取暖，共同编织。焦作成为近几年校讯通网站上教师建博写博最多的地市，涌现出一批又一批的博腕。

行动，回到教室里来

一个学生走进一间怎样的教室，遇上一位怎样的教师，经历一种怎样的课程，便会接受怎样的教育。因此，教室和课程成为我影响与改变教师教育生活的主要着力点。

因为职业的特殊性，一个优秀教师的成长最终要通过班级学生的成长来体现。因此，教室和教室里的生活，应该成为教师自身价值的重要体现。我要带着教师重新发现教室的意义所在。我告诉他们，当我们所有的成就与挫败、悲哀与喜悦都源自一个叫作教室的地方时，我们还能够对她无动于衷吗？教育从来不是抽象的，它就在一间间具体的教室里，应该是一个个具体的教师、具体的课程、具体的生命故事。因此，对教育的疗治与建设，应该是具体的，要从一间具体的教室开始。

回到教室，让生命在教室里绽放。2012年，我开始带领教师致力于教室建设，力图"缔造一间完美的教室"，从班级文化、班级课程、班级家校共同体入手，让教室的内涵不断延展。"小梅花班""蜗牛居""竹节轩""雨滴班""春芽班"……一间间朝向完美的教室应运而生。当一间间教室拥有了文化、课程和生命，从这间教室里走出的学生也拥有了不同的生命气象和文化气质。

幸福街小学的王宇老师阳光开朗，多才多艺，会踢足球、弹吉他、创编诗歌，精通电脑……他也是我们团队中为数不多的小学优秀男教师代表。他曾这样解释了"梦工厂"："我把自己的班级叫作梦工厂，不是因为我对美国动画电影充满情怀，而是因为我感觉，教一届学生就像做一场梦似的，梦里有笑有泪，有喜有忧，学生毕业人去楼空，跟梦醒后怅然若失的感觉一样，学生继续追逐自己的梦想，飞到更远更高的地方，而我还留在梦工厂里继续守望着自己的梦和那些新闯进我梦里来的学生。这些梦工厂的学生，他们路过我的生命，让我受益匪浅，内心变得无比强大。"就是在这间小小的梦工厂，仅仅一年的时间，王宇带着这些刚入学的学生开展了各种课程，走进阅读，走进音乐，走进大自然，让学生汇聚在美好事物的周围。一年时间，王宇为学生建立了31个分类相册，留下了5254张活动照片。这些内容无关分数，却是儿童生命成长中重要的营养品，让他们得以幸福成长。

地处城乡接合部的育新小学，其"丁香班"的班名、班徽、班诗都学生的集体智慧产生的。因为惠特曼的《有一个孩子每天向前走去》深受学生喜爱，"丁香花"变成为学生生命成长的自我镜像。党曼同学创作的班诗《我要开花》

也得到同学的一致认可：我是一粒丁香花的种子/睡在泥土中/等待着发芽/可能没有人知道/我是一朵花/终于有一天/我发出了小芽/小鸟从我头顶飞过/蝴蝶从我身边掠过/雷电轰隆隆地响/大雨哗哗哗地下/野草在我耳边说/我们只是株野草啊/我不说话/我挺直身子/因为我知道/我不是草/而是花/美丽的丁香花/我要用我的花来证明我的存在/阳光，蓝天，白云/他们在温柔地抚摸着我/给我光明/给我温暖/不管风吹雨打/我要坚强/我一直都相信/我能开出自己的花。

一个四年级的学生，就这样写出自己对未来生命的解读。每到大型活动，全班学生都要一遍遍吟诵自己的班诗。因为这样的教室建设，这样的生命参与，教室不再是一个简单的空间，它成为滋养师生生命成长的最重要的场域。独特的、富有个性的教室文化带给师生强烈的存在感，不断转化成师生生命向上成长的力量。

让一间教室拥有自己的个性和特色并不难，班名、班徽、班级标识、班级吉祥物都可以通过大家的集思广益而完成，难的是如何"活"出教室文化。

朱永新教授说，童年的秘密远未被发现，童书的价值远未被发掘。我们身处的这个时代，童年正在消逝。在学生的仿写诗歌中，我们看到一位十岁的学生这样描述城里学生的生活：城里孩子/是妈妈的希望，是爸爸的梦想/吃一次汉堡/是对我的奖励/玩一次电子游戏/高兴坏了我和弟弟/城里的孩子/天天都做学习机器/星期六语文数学英语/星期天跳舞画画练琴/城里的孩子是多么的不容易。

这就是当下很多学生的童年。在网络游戏、电视文化、电子产品盛行的今天，学校教育的优势还存留多少？我们的校园生活、课程是否足够吸引住这些成长中的学生？"活"出教室文化，唯有借助课程和共同生活。多年以来，学校教育尤其是小学课程的精细化和精确化确实帮助学生建立了相对完整的知识结构，但这种课程的缺陷也是非常明显的，那就是不够丰富，不够浪漫，不易被儿童接受。面对处于形象思维阶段为主的儿童，更需要大量丰富、浪漫的感性生活。于是，在探寻理想课堂的同时，我们也致力于为儿童提供一套足够丰富、足够浪漫、足够感性的儿童课程，丰富学生的智力背景，让他们充分感受校园生活的美好。每日的晨诵、每周的阅读课、每月的整本书共读、每学期的生命叙事剧展演、每学年的结业典礼……对应学生生命中的每一天、每一周、每一月、每一学期、每一学年，再加上点缀其间的种植课程、科学课程、四季课程、游学课程……还有那些仪式与庆典，如开学课程、生日课程、节日课程、毕业课程等学生的每一天被赋予不同的意义，生命因为这样一个个特别的日子而串在一起，一点点丰盈起来。

课程，为学生铺就成长的跑道

在拉丁语中，"课程"一词有"跑道""道路"的意思。跑道自然是助力儿童成长。我以为，课程好比营养，我们为学生提供什么样的营养，学生就会拥有什么样的体魄。课程的丰富性决定了儿童的丰富性，课程的卓越性决定了儿童的卓越性。

在引领教师研发卓越课程之初，他们的最大问题就是无从下手。课程从哪里来？为此，我借助一次次实地研讨会为教师打开思路。在学校，最重要的课程应该是基于阅读而生的课程。没有哪一所学校认为阅读是不重要的，但不是所有的学校都能够看到阅读给儿童成长带来的巨大变化。我认为，其中一个最重要的原因就是，阅读没有课程化、生活化。阅读本身不是目的，借助阅读来影响学生的生命成长才是我们的目的。没有成人的引领，童话是很难走进童年的，尤其是在今天，电视文化、网络游戏等充斥在学生的周围，和我们争夺着。简单地把书带到学生的面前是远远不够的，我们需要让学生过上有阅读的生活。为此，新教育在整本书共读基础上设计了生命叙事剧课程，通过设计与童书相呼应的班级文化以及改编剧本、竞选角色、设计服装、完成排练等一系列挑战，打通阅读和生活，让儿童在角色扮演过程中真正阅读一本书。

其实，除了基于阅读的课程，课程还可以从生活中来，从大自然中来，从本土文化中来。教师完全可以因时制宜、因地制宜、因事制宜，如年俗课程、农历诗词课程、种植课程、四季课程、黄河课程、太极课程……

在课程实施中,有两点要特别注意:一是与儿童当下的生活相联系,激发儿童内在的成长力量;二是保持教育的敏锐性和敏感性,善于抓住教育契机,发现生命成长的关键节点。如开学课程、转学课程、生日课程、毕业课程、班级节日课程、仪式课程等,都属于这一类。我告诉教师,每个人都可以成为课程研发者,所有的生活都可以成为课程提供者,真正优秀的课程永远在一线教师的教室里。

在一次次讨论和实践中,我们的卓越课程研发也从关注儿童生命成长的重要节点到关注本土文化的衍生,关注季节流转物候变化、民族传统节日庆典……不断打通课程与儿童的生活,不断编织课程与儿童的生命。那么,如何处理儿童课程与现行课程的关系?如何在资源薄弱的农村小学进行课程研发?怎样处理课程中学生自我能力发展与教师主导作用的关系?这些层出不穷的问题也挑战着我和团队教师。我们研讨、实践、反思、记录,编写的《好课程是这样炼成的》一书作为大家的实践成果已经正式出版。我也坚持把自己的生命与智慧,与这些具体的教室、课程、教师紧紧联系在一起,在一间又一间教室里行走,关注着教室里的每一个故事,关注着每一位教师的悲喜,及时发现和解决问题。

未来因我而来

走在这条路上,你会忽然发现,原来还有很多人和你一样。2014年3月1日,我和童喜喜——新教育的专职义工在焦作重逢。喜喜告诉我,这次从北京赶来,就是专程邀请我担任全国新教育种子计划项目负责人,希望我能够在更大的平台上引领并带动更多的一线教师不断超越自己,成为新的榜样。就这样,我俩重新规划了新教育种子项目,贡献着彼此的智慧,乐此不疲。我也因此有了一个更大的舞台。

在给新教育种子教师的一封信里,我这样写道:一粒种子的成长,必须穿越泥土的黑暗，必须经历岁月的磨砺，才能最终完成一朵花的使命，或者一粒种子最大的生命可能性。每一个不曾起舞的日子都是对生命的辜负。有一天，当我们走进任何一间新教育种子的教室，都能够看到充满个性而富有新教育特质的班级文化，都能够分享一年里每一天、每一月、每一学期、每一学年所走过的我们的课程之旅和生命叙事。所有看见它的人都会说，这是一间多么与众不同的教室，这是一间新教育的完美教室，从这间教室里走出的每一个人是那么的与众不同。这不仅是我个人的心愿，它也将是我们团队的愿景。未来会怎样，让我们一起继续书写。

现实的教育总是不能令人满意，但并非没有生长的空间。当我们无力改变周围的世界时，唯一能改变的就是自己。当我们真正改变了自己之后就会发现，周围的世界也因此而改变。我们的一位种子教师也在自己的年度叙事《以精神成长对抗衰老》中写下这样的话："2015年是我有生以来最勤奋的一年，即使高考时，我也没有如此勤奋，而我所获得的又岂止是三言两语能够说清楚的；2015年，是我的生命由盲目走向自觉的一年，由于这种自觉，我在肌体走向衰老的同时，却感受到从未有过的活力；2015年，我曾经三次走出家门去学习，充实自己，并且完全是自费出行；2015年，是我的精神生命努力突破自然生命和社会生命局限的一年，我在努力拓展生命的宽度和高度，为自己的人生注入源头活水，也为以后的教育教学汲取更多的力量……"谁能想到这是一位年近50的教师在书写自己的故事。

翔宇集团总校长卢志文在《让榜样言说，用故事书写——焦作新教育印象》一文中写下这样的文字："一朵云推动另一朵云，一棵树摇动另一棵树，一个灵魂唤醒另一个灵魂。一个人的力量是微小的，但只要这个力量专注而持久，同样可以撬动地球。一个人就这样悄悄地影响着一个地市的教育。"其实，自己从没有想过要做什么惊天动地的事情。很多时候，面对一个个成长中的学生，更多的是基于母亲最朴素的愿望和教师的职业天命。教师是一个很辛苦的职业，需要不断激励才能够鼓起勇气。真正的激励来自真实的成就感，对我来说，真正的激励就来自这些教师和学生的成长与变化。

每个人都是按照自己的愿望来塑造自我的，并且最终塑造了一个这样的我，和新教育携手十年，初心未改。从一个人的行走到一个团队的成长，从民间草根到行政参与，从自发到自觉，我用自己的坚持、坚定、坚韧、坚守，让新教育在焦作深深地扎下了根；从关注一间教室到改变一所学校，再到影响一个地市的教育，在焦作，新教育由一粒种子变为一树硕果。我的足迹也遍布了30多个实验区，辛苦着，也幸福着。我曾不断地追问自己，此行目的何在？我想，应该是让每一个与我相遇的学生因我而幸福，每一个与我相遇的教师因我而成长，能够深度参与他人生命的成长、付出、欣赏、喝彩，和他们一起看见未来。

（原刊于《教师月刊》2017年1月，作者张硕果）

"中国雷夫"常丽华

2012年3月6—8日,《第56号教室的奇迹》的作者、美国家喻户晓的名师雷夫·艾斯奎斯受《当代教育家》杂志社和北京新学校研究院的邀请,展开了引发强烈反响的首度中国大陆行。雷夫的教育故事,随着他在北京、上海、深圳的演讲迅速传遍中国大地。各家媒体蜂拥而上,报刊、网络上关于雷夫的报道铺天盖地。

就在雷夫访华期间,在一次高端会议上,当大家热烈讨论雷夫的时候,朱永新这位新教育实验的开创者、著名教育家、全国人大常委,突然神情激动地站起来,大声说:"我们中国也有雷夫这样的优秀教师,甚至,我可以自豪地说,我们中国的雷夫,比美国雷夫毫不逊色!"

会场上安静下来,所有目光都投向朱永新。

朱永新环视全场,一字一顿地说:"我们中国的草根教师常丽华,在我的眼里,在某些方面,比雷夫更加卓越!"

常丽华,山东省淄博市临淄区金茵小学语文教师。

说起来,这位备受朱永新推崇的教师,跟雷夫·艾斯奎斯还真的有很多相像的地方:

两人都20多年守着自己的教室,把很多普通的学生带到令人惊叹的高度;

两人都创造出独一无二的课程,给学生提供了全面发展的有力支撑;

两人都发自内心地喜欢学生，愿意和学生厮混在一起，并乐此不疲。

但常丽华更有和雷夫不尽相同之处：

她不像雷夫那样拥有很多荣誉：评优树先、考核晋职等各种活动中，鲜见她的身影和名字。

她不像雷夫那样单兵作战，新教育研究中心为她提供深厚的学术支持，学生家长自愿成为她的粉丝，身边同事愿意和她在一起迎接艰辛和挑战；

她不像雷夫那样被广为宣传，她不太愿意花时间接受媒体的采访和致敬，也不愿意多谈学生以外的话题，更希望保持生活的安静；

记者多次约访，终于感动了常丽华，答应了本刊深入采访的要求。

记者深入常丽华的教室，走进常丽华和她学生的生活，发现常丽华的课程，发现常丽华的故事，发现教育的真谛……

童话剧，小蚂蚁班最隆重的庆典

学生童话剧的最后一幕结束了。起立的观众，如潮的掌声，含着激动的泪水，常丽华走上台。她和孩子们眼里也都噙着泪，是骄傲的泪、幸福的泪。师生一起挽手向观众鞠躬致谢。

2011年6月30日下午16点，临淄金茵小学报告厅内，掌声雷动。舞台上，一群小演员一次次谢幕，每个人的脸上洋溢着骄傲、灿烂的笑容，眼里闪现着幸福的泪花。

这是小蚂蚁班表演的童话剧《木偶奇遇记》。他们选择2011学年在校日的最后一天演出，是要献给全校学生，更献给五年级毕业的哥哥姐姐们。

报告厅外，心仪同学年迈的姥姥好像在等什么。当看到常丽华带学生出来时，她赶忙迎上去，握住常丽华的手，一句话也说不出，半天伸出大拇指："常老师，谢谢你！谢谢你！所有孩子和家长都谢谢你！"

常丽华的眼眶，又一次湿润了。

童话剧，这是小蚂蚁班最隆重的庆典。

常丽华说:"国外发达国家,童话剧在学生生活中很重要,几乎每个学生都有参演的机会,可我们中国,学校生活的单一,遏制了学生童年的无限可能。我要让每个学生参与到童话剧演出中,让他们的童年亮起来。"

从一年级到现在,小蚂蚁班已经演出了四部童话剧。从一年级绘本故事改编的《彩虹色的花》《鸡蛋哥哥》,到二年级的《木偶奇遇记》,再到三年级上学期的《德国,一群老鼠的童话》,学生的舞台表现日臻成熟,也深深迷恋上了童话剧课程。

每一部准备演出的童话剧,都是常丽华在师生共读过的书里精心挑选出来的。书共读完了,就要一边写剧本一边排练。童话剧是集语言、表演、音乐、舞蹈于一体的综合艺术,以常丽华一人之力不能完成,音乐教师和美术教师就成为她强有力的帮手。

这是常丽华和雷夫最大的不同。雷夫是孤独的,是教育界的蓝博;常丽华身边,却始终有强大的家长共同体和学科教师共同体。

很多人奇怪,常丽华哪里来的气场,让这么多人和她站在一起共同做事?其实,她的气场来自她对教育最纯粹的热爱,更来自她的谦卑和宽容,家长愿意聚在她身边,同事也愿意和她一起做事。

一年级的绘本剧稍显稚嫩,二年级的《木偶奇遇记》就赢得了全校师生喝彩。当《德国,一群老鼠的童话》在报告厅落下帷幕时,常丽华听到身边一个一年级学生的叹息:"啊,完了?怎么就演完了?我还没看够呢!"

王文翰虽然只是个"配角",一句台词也没有,但是演出结束后,回到家里,隔几分钟,就朝妈妈说一句:"啊,我们这次童话剧真是太完美了!太完美了!"这句话,他在客厅里转悠着,不知道说了多少遍——荣誉感、团队意识、欣赏别人等,都悄无声息地根植在学生的生命中。

重要的主角,伟大的配角——这是"小蚂蚁们"熟知的一个口号。主角由学生自己申请,课堂排练后大家投票决定——即使没有机会演到主角,学生都知道,配角也是伟大的,因为舞台上少了谁都不行。

每一部童话剧的确定,都经过了常丽华的慎重考虑。为什么二年级选择

《木偶奇遇记》?"因为二年级的学生渴望着做一个好孩子——道德说教不可能让孩子从行动上表现出一个好孩子的标准,靠的仍旧是故事。"常丽华说。

匹诺曹的扮演者是许泽昊,一个聪明但贪玩的学生。有一个小他一岁的妹妹,父母的爱被平分,许泽昊不太适应,在和同学的相处中也常常表现得很不宽容。排练过程中,常丽华在匹诺曹救爸爸一幕中给许泽昊设计了这样一段内心独白:亲爱的爸爸,自从您把我创造出来,不知道为我担了多少心。我是那么不听话,撒谎,贪图享乐,不上学,可您一直没有放弃我。为了找我,您掉进了大海,被鲨鱼吃掉。爸爸,谢谢您为我做的一切!爸爸,一直以来,您为我做了那么多,现在,就让我为您做一件事吧。爸爸,快走啊,鲨鱼要打喷嚏了,快走啊,爸爸!爸爸,爸爸……

每一次排练,许泽昊都泪光闪闪。

演出时,许泽昊说得那么感人,在场的教师和同学都掉下了眼泪,许泽昊更是在深情的告白中泣不成声。

泽昊妈妈告诉常丽华,因为这场童话剧,许泽昊变化很大,知道体谅妈妈,也知道让着妹妹了。2006年暑假,"小蚂蚁班"的学生开始学游泳。在游泳池里,许泽昊的耳朵不小心被划伤了。爸爸和他去医院处理了一下,几天以后,妈妈才发现耳朵的伤疤,问他为什么不告诉妈妈,许泽昊很淡定地说:"不想让你担心呗。"

这就是一个稚嫩生命的成长。

对没有一点演出基础的学生来说,童话剧起步阶段的模仿很重要。

读完《木偶奇遇记》后,常丽华特意带着学生专程去省城济南看了这场童话剧演出。回来后,学生一遍遍看录像,揣摩专业人员的每一个眼神、每一个动作。

齐子骏为了演好匹诺曹的爸爸杰佩托,每天晚上都要在家里看至少半个小时的录像,一句话一句话地暂停、回放——这个一年级说话就吐字不清的学生,曾经很是自卑。常丽华知道,舞台是他战胜自我的很好机会。吐字不清怎么办?常丽华就让子骏的父母周末带他到野外,一句句大声朗读台词,一遍不行两遍,两遍不行三遍。为此，子骏不知道哭了多少遍，甚至想放弃自己的角色——最终，他光彩照人地站到舞台上。

《德国，一群老鼠的童话》讲述的是阅读的重要性——三年级是学生海量阅读的起点。这部童话剧演下来，每个学生都深谙阅读的意义，并成为真正意义上的阅读者。

那么，常丽华是如何带着学生排练的呢？在学期末的"童话剧月"中，每周有四节"童话剧课"：学生轮流当主角，常丽华在课堂上一句句指导，从语气到动作。音乐课上，常丽华和音乐教师一起排练舞蹈。周末再进行一幕幕的集中排练——到最后演出的时候，大部分学生能背所有角色的台词，因为这是课堂上一遍遍练过的。

三年级下学期，常丽华决定演出《绿野仙踪》。这是一个寻找自我的故事，是这个阶段学生最应该读的一本书。常丽华做了一个大胆决定：排成歌舞剧。

这是一个巨大的挑战。主题怎么更清晰，音乐怎么选择，歌词怎么填进去，还得一点点来。常丽华每天都和音乐教师探讨曲子的风格、填词的技巧、节奏的流畅……

为了让学生的舞蹈凭借这部歌舞剧上一个台阶，她请来了一位专业舞蹈教师。每天下午训练时，常丽华和学生一起练习，一个动作一个动作地学——为了让学生更有舞蹈气质，师生早上提前20分钟到校，每天练习站姿。一天下来，她腰酸背痛，学生也很累，但没有人叫苦叫累，更没有人退缩。忍耐、坚持、担当这些美好的品质，在童话剧排练过程中，慢慢地在学生身上生长。

（原刊于《小学语文教学》2007年第4期，作者陈金铭，有删减）

第四章

众人拾柴火焰高
——熬出一锅鲜美的「石头汤」

导读：

本章主要收录媒体报道新教育实验总体发展情况和实验区新教育实验成效的文章。

在当下所有的民间教育改革实验中，新教育实验是我国目前规模最大、覆盖面最广、受众最多、影响力最大的，它不仅给师生、学校、家庭带去教育思想上的巨大改变，而且对社会乃至中国教育事业产生了深刻影响。

这背后离不开一批批新教育人的扎实行动，更离不开一批批新教育实验区、实验校的踊跃参与和实践探索。如果说新教育是一种思想，那么，实验区和实验校就是思想的试验田、根据地、操作台和展示厅。新教育的发展，离不开实验区的支持、配合和协助。其落地、生根、发芽和结果，都借由实验区和实验校的土壤与雨露。从这个意义上说，他们的成长和发展才是最有力的证明。在这章里，我们可以看到，常州实验小学这所百年老校的改变、新城花园小学这所新建学校的发展、金家坝中心小学这所特色学校的成长。

尽管新教育人从来不怕露拙，也从来不害怕质疑和批评，但更无意去炫耀这些成绩，只是历史告诉我们不能忘记这样一个事实：这一片片实验区，一个个实验校，托举起了新教育实验的天空，支撑起新教育实验的版图，书写了新教育实验历史上浓墨重彩的一笔。

激活众学校创新无限

——一位学者的梦想剧场激活众学校创新无限

两年前，苏州大学教授朱永新写了一本书，叫《我的教育理想》，市场效果之好出乎他的想象。该书先后重印 7 次，甚至出现了盗版。有人读了以后跟他开玩笑："你不过是讲讲理想，理想理想而已，现实中不管用，我们要考试，要应付各种检查。"后来，朱永新又写了一组关于理想的书——我理想中的德育、智育、体育、美育、劳动技术教育，并索性单独推出，冠之以《新教育之梦》。朋友们乐了："过去是讲理想，现在是梦了，越来越玄乎，我们越来越不能做了。"每个人之所以活着，不就在于还有梦想、追求？但是朱永新不得不思考，"我讲的这些东西，能不能对现实管用，如果我不能影响现实，不能影响教育，不能影响学校，我这样说还有什么意义？"

2002 年 8 月，心怀教育理想的朱永新走进江苏省昆山玉峰实验学校。在这里，他提出五大系列的实验构想：师生读书系列、师生日记系列、师生报告系列、英语教学实验、计算机教学实验。2002 年 9 月，昆山玉峰实验学校开始了实验。不久，朱永新亲自在其主办的教育在线网站上发布了《诚招实验学校》的"宣言"，实验项目有：

——在义务教育阶段的 9 年中，学生每人认真读 100 本书，开展中华经典诵读与外国名篇诵读活动。

——学生坚持写日记；教师坚持写教育笔记。

——学校开设论坛,安排名人讲座,让教师、学生九年听满100场精彩报告。

——让所有的学生能讲一口流利的双语,既能讲中文,又能说英语。

——让所有的学生能使用计算机,非常熟练地使用计算机获取信息,与他人沟通。

很快,一所普通的农村小学——金家坝中心小学做出响应,校长徐根泉在教育在线网站上正式发布了题为"为了我们的理想,为了孩子的未来"的实验申请,没有课题计划,没有烦琐空洞的方案,只有实实在在的"十项工作":写字教育特色坚定不移;教师必读书每学期一本(由学校统购赠);教师推荐书每学期两本;教育笔记写作分层要求;经典诵读活动按年级实施;学生读书活动;学生日记写作;书法家报告活动;师生日记进论坛工程;结合师陶(陶行知)、学陶工作进行。

金家坝中心小学位于距吴江市20多公里的农村,学校现有教职工73人,其中专任教师61人,大专以上学历占52.1%。学校以写字教育为特色,已经坚持多年,颇有成效。但无论是校舍还是内部设施,无论是硬件还是师资水平,这所学校在吴江市都称不上最优秀,也没有产生具有特别影响力的教师,教师的能力与水平总体上与吴江市的那些实验小学存有差距。这样的学校能做好这个实验吗?为什么不能呢?年轻的徐根泉校长信心十足。这位年仅34岁的校长被教育理想激动着,也激励着。"如果新教育实验只能为已是一流的学校锦上添花的话,那么这样的实验即使成功了,又有多少意义呢?"于是,朱永新在网上回复:"支持没商量!我会尽快来,名誉校长也当定了!"在朱永新看来,"新教育实验如果能在这样的学校取得成功,说明在中国的大部分学校都可以成功!"

9月27日,趁公务之暇,朱永新走进金小。朱永新说过:"理想的学校,应该是一所有特色的学校。"新教育实验立足学校实际,因此在各校的开展也必然是有个性的。尽管玉峰的"五大系列"中没有提到"写字教育",但在金小,写字特色仍然是首位的,因此,在"五大系列"中,金小选择了教育笔记作为突破口。疏于笔墨的先生们怕了:我们能行吗?懒于笔墨的教师们嘀咕:我们没有时间!……实验伊始,大家提出种种困难,时间有困难,基础有问题,条件有困难，观念有问题……于是，金小的领导别出新裁，与教师签订《关于开展教育笔记写作的协议书》，对教师进行教育笔记写作提出如下要求：1. 撰写教育笔记的内容涵盖教育的各个方面，大至对教育政策、教育规律的反思，小至对一节课、一次作业、一回师生谈话的记载，这都是教育笔记；可以议论文、记叙文形式，可以是读书笔记，可以是班级工作手记，可以是教后记，凡记录教育现象、教育过程、教育困惑、教育快乐、教育烦恼、进行教育反思与探索等的文字都可算是教育笔记。2. 每位教师每星期须撰写教育笔记1～2篇，45周岁以下的任课教师至少每周完成2篇。3. 学校要求全体教师参与两个论坛的讨论：一是教育在线，进入"教育论坛"进行讨论；二是吴江行知网的"行知论坛"。学校将不断整理教师教育笔记，负责编印及向外推荐。4. 如果教师将教育笔记以发表主题帖的形式上网，就不必提供纸质稿件。5. 教育笔记写作要与读教育专著相结合。6. 上网进论坛讨论要与处理日常班级、教学工作相结合，安排好时间。7. 学校对上网进行教育笔记写作的教师作出如下承诺——①教师在上班时间可以上教育网站，参加论坛讨论；②学校免费为教师家庭安装宽带接入，教师可在家中上网，如果电脑出故障，由学校免费派人维修；③从本日起到12月底，本校教师在教育在线和"行知论坛"以教育笔记形式发表主题帖完成学校规定数量并累计发帖数满300次的，学校将于明年1月单独配备电脑。8. 学校把教育笔记作为评先和教科考核的重要依据，如果完成学校规定的数量，教科考核得15分（少一篇则少得一分）；同时，如果完成规定数量或超过规定数量，学校将视笔记质量进行评奖，一等奖300元，二等奖200元，三等奖100元。协议双方签字，这是新教育实验的一份珍贵档案。

金小的教师真的是"疯"了！张口教育，闭口笔记，他们抢着用电脑，争着上论坛。打开教育在线，进入"行知论坛"，我们会看到一则则记录着金小教师为了实现理想教育一步步前进的珍贵足迹：《当学生向我们问好的时候，我们不要忘记了还孩子一声"好"》《今天轮到值日，站到校门口迎着师生们的微笑是一种多好的幸福》《不要叫学生到办公室》《放肆也无妨》。在教师的带动下，写日记、读名著、背名篇、上网站，学生也忙得不亦乐乎……10月300篇，12

月就提升到500篇。协议最初是面向中青年教师的，最后50多岁的教师也加入进来。一位老教师在日记中如是写道："加入新教育实验，51岁的我充满着青春活力。"

金小的教师们发生着巨变，那是来自心灵深处的革命！"我们的教师越来越爱学生了，越来越爱这所学校了，越来越爱教育这份事业了！校园卫生再不仅仅拘泥于自己的包干区了，教师会随时俯下身来捡起身边的纸片；对后进生的态度也改变了，开始倾听，与学生进行心的交流。家长们也参与进来了，甚至有家长与孩子还展开了诵读比赛。"徐根泉校长欣喜地写道："幸福来自我们的灵魂深处。我们要让学生、教师、学校一起发展。"从徐校长到金小师生，金小人都在享受教育！日前，徐根泉校长又提出，今后的实验将逐渐把重点放在师生读书上，"没有深厚的文化底蕴，师生日记永远是肤浅的"。

如今，已经有很多学校在网上提出申请。朱永新说，"没有开题报告，不需实验申请，你做了就是实验的开始"。

（原刊于《人民政协报》2003年1月8日，特约撰稿张菊荣）

新教育实验给师生带来了什么

由朱永新教授主持的国家级教育科学"十五"重点课题——新教育实验，吸引了全国百所学校的积极参与。日前，来自江浙两省的数百名教师，在吴江市召开了新教育实验暨小学语文教学研讨会，交流开展新教育实验活动的体会。

新教育实验唤醒我终身学习的意识——金家坝中心小学 张秋瑛

金家坝中心小学的张秋瑛老师已经51岁，早已习惯了"平凡生活平凡事"。自从参加新教育实验以来，她焕发了生命的第二个青春，一篇篇教学反思文章飞上各级各类报刊。用她自己的话来说，"在懵懂中走近新教育实验，在理解中走进新教育实验，在欢喜中深入新教育实验。参与新教育实验的三部曲：懵懂—理解—喜欢，使我的生活更加亮丽、丰富。新教育实验，唤醒了我终身学习的意识"。

新教育实验包括"六大行动"：营造书香校园、师生共写随笔、聆听窗外声音、建设数码社区、培养卓越口才、构筑理想课堂。这些实验行动没有给教师设置高得难以逾越的门槛，要的只是跨出一步的行动。吴江市参与实验的学校，针对学校实际，提出各自的行动方案。譬如，南麻镇中心小学提出"读书起步、反思助推、写作拓展、实践深化"的策略；八都中心小学为读书先行者发放100

元"书卷费",并将教师写教学后记、教学日记列入年终考核条例;北库镇中心小学不仅建有一幢800平方米的图书楼,生均拥有图书20册,每个教室也开放了图书角,藏书量达到生均5册;梅堰实验小学为教师购买了71部教育理论名著;横扇中心小学的师生共读名著,同写读书笔记;吴江市实验小学在二、五、六年级分别开展了"快乐阅读""共创书香家庭""好书大家读"的楼梯文化创设等活动。

书香校园的建设,让学生感觉"我就像小鱼来到河里,快乐极了"。更多的变化,发生在教师身上。金家坝中心小学要求教师每两周上交一次教育随笔,由教科室统计数量后,反馈给教师,并且从中选择优秀笔记编印校刊《金曦》。"一上交二统计三反馈四编集"的做法,鞭策着教师,使他们从不想写、不敢写到每周动笔,从三言二语到写得有血有肉、有内涵。一年多来,金家坝中心小学的教师累计已写近4000篇日记。不仅金家坝中心小学,在吴江市的许多小学,也形成了及时进行教育反思的风气,就像梅堰实验小学的钱东英老师那样:"每天写点杂感成了我的习惯,我一直在问自己:'在课堂上,我真的关注学生的心灵、体现教育的平等与民主了吗?'"

新教育实验让我看学生的表情都变了——吴江市实验小学 费建妹

吴江市实验小学费建妹是数学教师,在学校还抓德育,学生见了她都有几分怕。后来,她在学生日记中看到:"希望费老师对我们多一点点微笑。"她以此时时提醒自己,学生果然敢于亲近她了。她说:"师生共写日记,让教师看学生的表情都变了。"日记让学生的心与教师的心贴得更近。上学期,南麻镇中心小学教师庞丽娟与学生小超真的共写了一本日记。庞老师班上有57名学生,她让学生自由组合分组写循环日记。一位基础较差的小超同学没被组合进去,庞老师提出:"老师也要找到一个伙伴来合作,我就选小超同学,我相信我俩的合作一定不会令大伙失望的!"她试着以四年级学生的口吻,选择自己所熟知的人和事来写,写完了交给小超接着写。一向敷衍了事的小超一改往日的作风,每当接过日记本时，总会专心致志地阅读一遍老师的日记，工工整整地打上"优秀"的等第，然后紧皱眉头考虑该给老师"奉献"些什么。刚开始，他写不出三四行字，不是句子不通顺就是错别字太多。每一次，庞老师都不厌其烦地面批，写上鼓励的话，让他在班上朗读日记中的精彩语段。这样的"你来我往"，让小超知道了庞老师特别地关注他，因此分外努力。张华英老师在《"外套"效应》一文中写道，班上公认的捣蛋鬼在阅读课上出奇地安静，走近一看，原来他趴在桌上睡着了，连口水都淌了下来。叫醒他批评一顿？看他睡得那么香，真有些不忍心。张老师回到讲台上拿了一件外套给他披上，以防他着凉感冒。在当天的日记中，这位学生写道："对于今天您的态度，您的外套，我感到温暖极了，千言万语合成一句话——看我的表现吧！"这样的动人故事，在师生共写日记的过程中数不胜数，师生的感情发生许多微妙而又深刻的变化。

新教育实验是青年教师成长的助推器——同里第二中心小学 钮云华

许多青年教师通过新教育实验、教育在线走出苏州，在全国教育界享有了一定的知名度。同里第二中心小学教师钮云华说："参与新教育实验一年的收获，超过了以往15年。新教育实验是青年教师成长的助推器。"朱永新教授创办的公益性网站教育在线，为教师搭设了快捷的交流平台。自2002年6月18日开播以来，该站帖子总数已超过55万，注册会员接近24000人，总访问量超121万人次。参与新教育实验的教师把自己的点点滴滴感想发到教育在线网站上，与网友分享；也将自己在教学过程中碰到的困惑与疑难发到教育在线网站上，请求网友帮助，常常能够同时得到好几位网友的回应和帮助。教育在线成为他们共同成长的舞台。清华大学附属小学的窦桂梅校长在《构一道新的教育航海线》一文中提到了她走进教育在线、走进新教育实验的感受："这里的教育智慧，这里的教学故事，这里的人文气息，这里的人物魅力，让你兴奋、痴情。怀着少女初恋般的激情，踏上教育在线的航船，欣赏着新教育的海上日出，我流连忘返。"

吴江市已有六七十位教师在教育在线开出自己的专帖，莫国平的《灿烂的轨迹》、凌芬的《闲话家常》、费建妹的《红枫留迹》、沈佐明的《佐明手记》、张菊荣的《教育日知录》……八都中心小学的吴英老师虽然只有20多岁，但她把自己在教育教学工作中的所遇、所思、所感、所得全部写进教育日记，在她所写的200多个帖子中，有许多已经成为教育在线的精华帖。一年多来，黎里镇中心小学分别有4篇、2篇、7篇、16篇文章在国家级、省级、苏州市级和吴江市级各类教育杂志上发表，分别有10篇、3篇、8篇、13篇文章在国家级、省级、苏州市级和吴江市级评比中获奖。

（原刊于《江苏日报》2006年7月，作者倪晓英）

新教育的"庆阳实践"

一所甘肃的乡村学校,短短 5 年内吸引了全国各地数百所学校的 4 万多人前来学习、观摩。

课堂上,讲桌靠边移,教师下讲台;学生无须举手,自由发言,当堂达标。

书香润泽校园,学生说"课本外的世界更精彩"。学生读书,教师也读书,彼此交流心得,言说幸福。

全国著名教育家、新教育实验发起人朱永新教授走出温泉齐楼中学的校门后感慨:"当今教育环境下,不留作业的学校不多见。"

4 月 11—14 日,记者跟随全国 16 个省份的 300 多名教育局长、中小学校长,一同走进庆阳市的几所学校,感受新教育实验之花在这片土地上的嫣然绽放。

课桌上,每人都有一盒粉笔

西峰区温泉乡温泉齐楼中学像往常一样,有的教室内传出整齐的英语读音,有的飘荡着葫芦丝合奏曲的旋律,有的则是《弟子规》的朗朗诵读声。

走进教学楼二楼,整个走廊都贴着由学生、教师制作的"我的分享""美妙点滴""记录每天好心情"等个性化手抄报。

八年级四班正在上数学课"矩形的判定"。王宏涛老师在四个小组间来回走动，解答学生的疑问。

记者注意到，这个教室和以往见到的不同，周围三面墙上各有一块黑板，但教师的"主阵地"却很不起眼，摆放在教室的一个角落。令人新奇的是，每个学生的课桌上都放着一盒粉笔。

王老师写出一道推理题后，李佳同学自告奋勇地走到自己身边的黑板前进行演示。一阵讨论声后，罗璇同学又走上去写出自己的推理理由。

王老师说，一旦有"难啃的骨头"，学生可以自由上讲台，提出自己的解决办法，有点难度的，先是对桌两人帮扶解决，解决不了的，4名学生互助解决，再就是组与组的合作共同体讨论。这个过程中，教师只起"点拨"作用。

这种与传统教学大相径庭的方式，效果如何？王宏涛说，基本能当堂消化知识，不仅能达到教学大纲要求，课外还不需要布置家庭作业。

据了解，这所曾在西峰区排名倒数的学校，自2009年启动新教育实验后，教育质量已在全市名列前茅。

吃蒜苗，也亲手种蒜苗

在家庭教育急功近利、社会教育鱼龙混杂的背景下，庆阳市在义务教育阶段把教室作为人生发展的重要场地，让课程为学生打开一扇扇门，每扇门都导向幸福完整的教育生活。

在新课改过程中，按照"开齐国家课程，补充地方课程，开发校本课程，探索版本课程"的思路，庆阳市财政先后拿出1000万元，组织人员编写了《我的家乡是庆阳》《中华古诗文经典读本》等五大类地方教材，免费配发给各中小学使用。

在庆阳市实验小学，每天有千人主题晨诵、千人器乐合奏、花式跳绳、民族舞蹈展示等集体活动，这些内容都是该校开发特色校本课程后结出的硕果。

在实验小学五年级四班的教室，记者发现了一个有意思的场景：窗台上摆满形态各异的蒜苗、豆芽、葱等农作物。

李欣奎同学指着一盆长得足有两尺高的蒜苗说，他们班里每年要办一次"蒜苗节"，每个学生都参与，看谁种得好，看谁的有创意，并且还设了"总冠军"等奖项。

李欣奎说，种蒜苗是一门科学，浇水、温度、土质都要合适，还要每天观察，细心呵护，才能长得好。

野天河同学说，他把蒜苗种在透明玻璃盆内，主要是能观察到根系的生长过程，为此，他的"作品"还获得了"创意奖"。

李欣奎说："其实，要种好蒜苗不容易，要时时刻刻精心呵护、栽培，就像老师对我们的呵护、培养一样。"

用实验小学校长李建忠的话说，课内、课外都是"课程"，要让教育回归本义，真正成为学生的生活实践和人生体验。

"聊"书，师生一起成长

新教育实验的"十大行动"之首是"营造书香校园"，让文化浸润学生的心灵，强大学生的内心世界。

从2005年开始，庆阳市在教育系统启动了以"经典诵读"为主要内容的读书活动，用中华优秀传统文化净化校园环境，洗涤学生心灵。

9年来，庆阳市教育系统通过推荐阅读书目、开展读书活动、举办读书沙龙、评选读书标兵等方式，基本形成"局长带着校长读，校长带着教师读，教师带着学生读，学生带着家长读，家长带着社会读"的长效机制。阅读、反思、写作已成为庆阳市中小学师生学习、生活、成长的必修课。

庆阳市东方红小学成立于1942年，这所和陕甘宁边区民歌《东方红》同时诞生的学校，因推进新教育实验再次受到全国教育界的关注。走进校园，"多彩致美"的文化标签很显眼，意为多样的教育活动。多层次的课程学习，培育多彩的师生，让其释放光彩，至善至美。

"六年读100本书行动计划"是东方红小学最吸引人的地方。校长的解释是：学生每月读一本，六年读72本；每个假期多读两本，六年11个假期共读22本；另有庆阳市教育局编写的《中华经典古诗文读本》，每学年读一本，共6本。以上总计100本。

在校园的"书苑"里，六年级8班的全班学生及班主任王华正在交流名著《草房子》的读书心得。每个人都拿着写好的《读后感》，争先恐后发言。张含琪同学当主持人，"每个小组轮流说，尽量让大家都有发言机会"。她说，书里的人物特别多，每个同学都有自己的评价，有些人把其中精彩的内容放在手抄报中，和大家一起分享。

王华说，她当了15年的语文教师，觉得现在学生写作文比以往"活"了，自从开展阅读活动后，也不布置字词作业了。学生听得轻松，教师讲得也轻松。

王华说，现在每天下午上课前的半小时，是雷打不动的"读书时间"。这期间，教师不备课，学生不做作业。之后，师生共"聊"书，共写随笔，用写作带动思考，也能提高教师的专业水平。

宁县早胜小学在校长的带领下，半年时间，62名教师撰写读书笔记、博文2900多篇，有近百万字。办公室随时都成为读书沙龙现场。

新教育研究院常务副院长陈东强说："我在山西省绛县当了十年教育局局长，绛县30多万名干部职工开的博客、写的博文，不如早胜小学教职工一年开的博客多、写的博文多。"

甘肃省教育厅厅长王嘉毅说："庆阳市的生动实践，为全省创造了经验，树立了榜样，对我省全面推进素质教育具有借鉴、引领作用。"

"只要坚持，就有奇迹。"庆阳新教育人是这么说的，也是这么做的。

（原刊于《甘肃日报》2014年5月4日，记者李满福）

新教育"试验田"里树起"千灯标杆"

7月12—13日,2014全国新教育实验第十四届研讨会在苏州举行。本届研讨会围绕"新艺术教育"这一主题,展示苏州市作为新教育的发源地13年来推进新教育实验的丰硕成果,呈现新教育人在艺术教育领域的理论思考和实践探索。

作为六所展示学校之一的千灯中心小学,在强手如林的苏州教育界能突破重围,引来全国26个省市的600多所实验学校的代表,以及部分知名教育专家前来观摩绝非易事。其吸引力正来自它与众不同的教育风范和文化气质。

教育不求"高大上",但求真实和美丽

提起千灯中心小学,在昆山乃至苏州教育界,首先蹦出的就是"昆曲"。从校园每一个角落的典雅精致,到专用教室充耳可闻的古韵昆腔,校园内洋溢着典雅的文化艺术气息。但千灯中心小学的文化气质不只是昆曲的千回百转、绕指温柔,还有顾炎武"天下兴亡,匹夫有责"的刚健雄强和经世致用。"一弹戏牡丹,一挥万重山。一横长城长,一竖字铿锵。一画蝶成双,一撇鹊桥上……"刚柔并济,剑胆琴心,这正是千灯中心小学的独特文化气质。

历史是过去的现实,割断历史就无法看清现实。教育需要尊重历史,更要

传承优秀的民族文化。在校长储昌楼看来，学校要能体现出历史的厚度、文化的厚度，更要有浓郁的生活气息。经过反复研讨，学校确定了"教育点亮人生"的办学理念，提出建设"中国乡镇最美学校"的共同愿景。这与新教育实验提出的"文化为学校立魂"主张相契合。通过开展"文化植根""文化塑形""文化育人""文化强师""文化立品"等方面的学校文化实验，将新教育文化的精神、理念渗透到学校建设的各个领域，让学校环境、教育行为的细微处浸润文化精神。

"学校的每一个学生都是一盏明亮的灯，有其独特的光亮与发展；学校的每一个教师都是一盏明亮的灯，有其独特的教育特色与做法；学校的每一处景物都是一盏明亮的灯，讲述着学校文化，熏陶着每一个学子。'一灯一世界'与'一千盏明灯'的校歌，一起成为学校办学理念的形象写照。"储昌楼说，做教育不求"高大上"，但求真实、美丽。生活就是艺术，回归本真，才能返本开新。

千年古镇，百年老校，相依相偎，大美与共。江苏省教育学会副会长叶水涛表示，千灯中心小学深厚而又独具特色的校园文化，新教育尤其是艺术教育的全面发展，以及在昆曲方面的卓越成果，让该校特色鲜明、成果可圈可点，"作为展示学校，它向所有人展示了艺术教育是学校的一种文化"。

穿起文化珍珠，"六艺"教育放光彩

千灯中心小学在长期的办学历程中，形成了"以昆曲、科技创新、体育见长，学生素质多元发展"的办学特色。储昌楼对学校过往积累下来的教育理念和经验进行理性审视，对其课程的合理因素和内在价值进行科学的分析，既深度认同，又优化组合。"学校已经有很多美丽的珍珠，原来一个个散落在那里，我的任务是用教育的智慧把这些珍珠一个个穿起来，让它们焕发出应有的光彩。"储昌楼说。

比照中国古代教育的"六艺"，学校最终确立了校本化的文化课程——"千小六艺"：曲、乐、绘、笔、作、球，并开设了昆曲、民乐等校本课程。全校建有艺体馆和各类专用教室13个，艺术教育设施设备均达到《江苏省中小学教育技术装备标准》I类标准要求。千灯中心小学副校长许建忠说，作为六艺之首的昆曲，该课程在普及性基础上提高，"我们要求所有学生都能知昆曲、诵昆谣、唱昆歌，同时让有特长的学生通过'小昆班'的专业训练，得到进一步发展"。

千灯中心小学"小昆班"创办十年以来硕果累累，不仅应邀赴北京参加纪念建党九十华诞庆典活动、赴中国香港参加纪念香港回归十五周年综艺盛典，还多次接待了来自美国、日本、韩国、新加坡等国家的友人，更培养出13名获中国戏剧家协会"小梅花金奖"的学生。如今，这个由平均年龄十岁左右学生组成的"小昆班"，已经成为学校乃至千灯历史文化名镇的一张名片。

作为江苏省艺术教育特色学校与江苏省科学教育特色学校，"六艺"彰显的正是学校的办学特色，是对每一个学生兴趣特长培养的关注，是对每一个学生综合素质培养的担当。因为源自传统特色，"千小六艺"获得了广大师生的认可，大家凝心聚力，群策群力，让"六艺"扎根开花，千灯璀璨，形成"时时听得到，处处看得到，人人感觉得到"的生动局面。

"千灯标杆"获点赞，点亮学生的人生

新教育文化展示，新教育课程、学校特色艺术课程展示以及新教育叙事（艺术点亮幸福人生），"储老师每日一谈""完美教室"……在参观过程中，千灯中心小学开展"新艺术教育"、实现"新教育"倡导的"过一种幸福完整的教育生活"核心理念的生动实践，让来宾啧啧称赞。

"千灯中心小学的'六艺'不仅有品质，也有品位。这一做法，真正实现了应试教育到素质教育的转变，让学生的校园生活变得更加丰富多彩，真正还学生一个幸福快乐的童年。"南通市如东县丰利镇石屏小学校长如是说。

相比千灯中心小学的百年历史，浙江省新昌县南岩小学因为是2010年9月才投用的新学校，在文化底蕴方面无法相提并论，但是该校校长杨晓玲认为，

千灯中心小学能充分利用本土资源，将具有地方特色的昆曲融入学校的艺术教育领域，这一做法值得他们学习和尝试。"调腔和越剧都是我们新昌的特色，将其融入教学，从而形成学校特有的教育文化，这是很有价值的。"杨晓玲说。

作为"新艺术教育"实验学校的代表，浙江省温州市苍南少年艺术学校的教导主任林元贻也对千灯中心小学"新艺术教育"的成果竖起了大拇指。他说，千灯中心小学艺术课程门类丰富让他颇为惊讶，他希望能在今后与千灯中心小学有进一步交流的机会，互相借鉴学习。

教育不仅仅是教学，因此我们不能只追求单一的学科成绩。艺术、科学、运动，我们的特色教育与学科教学一起，共同点亮学生的人生。我们要把真、善、美的种子种在学生的心田。储昌楼认为，学校的重要使命是实现文化渗透、文化传承，播撒审美种子，修复文化基因。"我们要通过艺术教育，以审美教育照亮文化，同时点亮幸福人生，点亮德行、智慧的人生，培养德才兼备的人才。"

（原刊于《昆山日报》2014年7月16日，记者雨文）

为学生一生的发展"打底"

——山东省诸城市推进新教育实验行动纪实

放学了,各班在路队长的带领下,安静、整齐地走到全校的集中点,然后在校园"小交警"的协调下,迅速有序地走出校园。校门外的接送点处,各位家长正站在自家孩子班级的位置耐心等候。密州路学校孙术法校长不无感慨地说:"真没想到,在'规则'月中,我们引导学生从学会走路这一件小事做起,加上学生的自治管理和家长的主动配合,困扰我校的'进校乱、出校慢'的老大难问题竟然解决了。""规则"正是该校实施新教育实验、推进"每月一事"行动的主题之一。

2012年4月,山东省诸城市整体加入朱永新教授倡导的新教育实验。4年来,全市240余所中小学、幼儿园,立足县域教育实际,创新推进机制,在"营造书香校园""研发卓越课程""缔造完美教室""家校合作共建"等方面取得了显著成效。"2015—2016学年,在全面推进'十大行动'的基础上,我们聚焦'每月一事',将核心习惯培养融入日常教育生活,让学生在潜移默化中拥有一生有用的东西。"诸城市教育局局长李熙良说。

一月一事:摸到习惯培养的脉搏

习惯是生命成长的根系。新教育实验主张"从一件件小事做起,养成良好的习惯，教给学生一生有用的东西"。"每月一事"，就是每个月设定一个主题，比如吃饭（节俭）、种树（公益）、玩球（健身）、家书（感恩）、日记（自省）等。

"过去我们也抓习惯培养，但很难在学生心中留下更深的烙印。而'每月一事'，既引领我们将核心素养的总体要求转化到具体的行为细节中，也让我们找到了适合学生并且学生喜欢的习惯培养方式。这样，学生的良好习惯就在差异化、生活化、全员化中得以强化，在获得参与感、成就感和仪式感中得以升华，尽可能地固化下来。"诸城市教研室主任王德说。

习惯培养具有整体性和一致性，但由于各学校校情不同，学生个体差异更大，所以应有所侧重。因此，在推进"每月一事"时，诸城市坚持"小步子，低台阶"，采取差异化、阶梯化的推进策略。

针对不同学段，设定不同目标。学前阶段，主要是培养良好的生活、安全习惯；小学和初中聚焦培养读书、写字、写日记等学习习惯和艺术、健身、修身等素养的提升；高中学段则突出自我管理和人生规划、创新思维等智慧习惯的养成。例如，昌城幼儿园从"喝水"切入，通过给植物浇水、粘贴喝水小脚丫等系列活动，让学生学会主动、有序喝水，养成健康生活的好习惯；科信小学以低年级"爱绿"、中年级"护绿"、高年级"植绿"的方式，逐层推进"环保"主题活动；诸城一中围绕"责任"主题，开展了"农村三日行""学子企业行"等实践活动。

不同学校因校制宜，有效利用差异资源，在推进"每月一事"时切入点各异，特色纷呈。如"健身"主题，特殊教育学校以康复训练为主，创编"童趣体操"；纺织幼儿园则让幼儿在炫动足球、野战营、体能拓展赛道等不同运动项目中体验健康的生活方式；如"劳动"主题，大源学校发掘农村资源，让学生依二十四节气在种植、收获中体验；龙源学校立足学生寄宿实际，从衣食住行的自理能力做起；明德学校则关注男女性别的差异，在"感恩"中，女同学做感恩卡，说心里话，男同学则记亲情账，做家务活……

习惯不好量化，但是要有标准，评价不能缺席。每个主题结束时，都要根据不同年级的行为要求进行总结和评比。如"节俭"主题，文化路小学选择以

"节水"为对应的"事",各年级开展参观水库、听水利专家讲座、参观水厂、进行校外调查等活动。"学生节水这件事做得怎么样,节俭习惯养成得怎么样,需要有科学的评价方式。"文化路小学王洪珍校长说,"学生自治委员会设计了各种评价表,给自己评、请家长评、同学评、老师评、天天评、周周比,在评价中不断校正,形成正确的行为。在学校里,总务处提供每日用电量和用水量,同期对比,数据变小,说明节俭行动有了效果;随后几个月,虽然换了习惯主题,但水电等基本数据并未上升,说明节俭习惯已基本养成"。

一校一品:尝到内涵发展的甜头

没有课程,"每月一事"就会停留在零碎的活动,甚至流于形式。诸城市将"每月一事"课程化,找到学科教学与"每月一事"的结合点,让每位教师通过挖掘各学科在习惯培养上的育人价值,参与到"每月一事"的课程实施中来。诸城市这一做法不仅化解了"每月一事"简单停留在零碎的活动甚至流于形式的隐忧,而且借此促使各校审视自身的价值追求,提升教育内涵,形成各校的特色,最终达到"一校一品"。

课程化,首先是开发校本课程。说起诸城市各学校的特色校本课程,王德如数家珍:实验幼儿园开发了红色安全、金色游戏、绿色生态、橙色亲子等七彩生活课程,科学安排一日生活;文化路小学形成了由阅读、艺术、体育游戏、电影、实践等构成的"爱课程"体系,并将"每月一事"与学校儿童诗性教育相结合,引导学生开展儿童诗创作;实验初中编写了《魅力版画》《跟着课本读名著》等9本学科德育教材,利用主题班会、学生社团等落实习惯培养;石桥子小学发扬书法教育的传统,将净、俭、勤、严、礼、雅、气、益的习惯养成浸润在"每月一事"活动中。此外,还有百尺河初中的日记教学、府前街小学的行知教育、明诚学校的传统体育课程、枳沟小学的科学素养课程等。这些课程为"每月一事"进课堂、习惯培养常态化提供了平台和保障。

内容的融合、整合,则让课程发挥出"1+1>2"的育人功能。大源学校,这所位于诸城市西南端的农村小学有一个 20 亩的种植园,以此为依托,学校开设了包括种植、自然、农艺等在内的绿色生态课程体系。在校长郑明岩看来,这个生态课程体系不只是培养学生热爱自然、热爱劳动、关爱生命的意识和行为习惯,更是同各学科课程整合的纽带。比如种植课程,不仅可以和劳动技术课、思想品德课整合,而且为学生的作文写作提供了素材;面积计算、计量单位换算等抽象的数学知识,在田间地头变得直观鲜活。自然课程强调自然与人文的结合,学生在朗诵农谚和诗歌中,了解人类认识大自然的历史,探索大自然演变的"道法",这就是一种科学和哲学思想的启蒙教育。葫芦绘画、黑陶制作、玉米皮编织等课程内容,则让学生在艺术的熏陶下,提高了审美情趣。通过整合,大源学校将习惯养成与素质提高两个目标自然地结合在一起,分解、落实到日常教学中了。

在诸城市,很多学校进行了这方面的探索,取得了不错的效果。如第一小学的仪式课程,学生自己选择音乐、布置环境、制作课件、撰写主持词,既穿越了生命的旅程,也体现了学科综合素养。

一脚一印:看见生命成长的幸福

"新教育强调只要行动,就有收获,并注重生命叙事和成果展示。实施新教育的成果,都是可以'看得见'的。"诸城市教科所所长、新教育研究指导中心主任王元磊说,"生命的成长,是检验新教育成效的试金石。"

早晨,随便走进诸城市的一所中小学,必定是书声琅琅,晨诵经典已经成为吃饭一样自然的需求;"暮省"则体现在一篇篇工整的日记中;课外海量阅读、师生共读、亲子共读已经成为一种风尚。劳动、感恩、节俭、求知、交往、公益,各种主题活动,有规划、有记录、有总结,有"生命在场"。阅读、锻炼、环保、守规、自省、自信,这些对人的一生有着巨大影响的习惯,正在他们青涩的童年形成"底色"。

推动新教育实验的关键人物是校长。为探索深化"每月一事"的有效路径,诸城市自 2015 年 9 月至今共举行了 8 次校长论坛，以分学段全员展示、抽签展示、榜样引领等不同方式共享经验。不管是只有 20 名学生的教学点校长还是统领几千人的市直学校校长，都要走上讲台展示实验成果。在这种机制的督促下，校长们加强学习和反思，很快成长为新教育理念的宣传者和有力的组织实施者。如文化路小学校长王洪珍从儿童诗教学出发，以诗性教育塑造学生的最美品格，被评为中国网 2015 年度中国好校长。

推动新教育实验的起点在教师。教师的成长与提升是学生获得幸福完整教育的基础。诸城市通过"坚守底线+榜样引领"的策略，在专业阅读、专业写作的基础上，对新教师开展新教育实验通识培训，开展榜样教师叙事和榜样教师进学校活动，引领教师发展。同时，鼓励教师突破学科界限，在教学专业、个人生活中跨界拓展。如实验小学的数学教师郑连叶，喜欢歌曲创作，她从学生的生活中捕捉灵感，创作了 200 余首校园歌曲。

一批批教师在新教育实验进程中快速成长，脱颖而出。钟春梅，前几年只是文化路小学的一名普通教师，最近几年出版了两本专著，获得全国新教育十佳完美教室提名奖。钟春梅告诉记者："以前只知道埋头教学，不会总结，而新教育的生命叙事让我一下子找到感觉了。日常怎么做的就怎么写，写课堂上的故事，写自己对教育的理解……"此外，王增霞的教育随笔、姜蕾的家校合作、朱秀华的完美教室、孙伟的卓越课程等，都在全国新教育实验区中产生了较大的影响。

"让师生过一种幸福完整的教育生活，我们已经在路上。"王德说，"怎样在新教育生命叙事的基础上再深挖细掘，让行动变得科学、理性，实现行动与思考比翼齐飞？此外，新教育实验如何与将正式公布的《中国学生发展核心素养》紧密结合，为培养学生核心素养服务，为学生一生幸福奠基？这些都是我们应该思考的问题，也是下一步探索的方向。"

（原刊于《中国教育报》2016 年 6 月 8 日，记者汪瑞林）

乡村新教育的随县样本

——新教育随县实践的观察与思考

4月25—27日,随县新教育成果展和4所学校的样态观摩,搅动了中国乡村教育的一池春水,引起许多教育人的感动和思考,正如《教育·名家》编辑部评论员所说,"乡村教育改革怎么深入推进,随县教育可为一面镜子"。朱永新教授考察随县教育后说:"随县的新教育实践是在为中国乡村教育探路。"的确,随县走新教育实验之路,不仅提高了随县的教育品质,提高了随县师生的幸福指数,而且让乡村教育散发出一种别样味道。

乡村新教育的随县实践

随县以西周封国为名,版图5673平方公里,人口98.1万,辖19个镇(场)。随县是炎帝故里,农耕文化的发源地之一,人文底蕴深厚,交汇中原文化与荆楚文化。2009年,从曾都区分离出来,成为没有工业支柱的农业县。全县没有一所城市学校,是一个典型的乡村教育县。"一身雨,一脚泥"的乡村环境让很多优秀教师和学生流向城市。留守儿童成为乡村教育的主要对象。教学点零散分布,很多学校坐落在交通不便的深山沟里,最少的班级只有3人。这样的教学点很难拥有现代化教学手段,教师老龄化严重。面对这些问题,随县教育举步维艰。然而,随县教育局不为困难所惧,精准发力,确立了改变现状寻求乡村教育发展新时空的教育思想，在融合中实现新教育实验的路径探索，在践行中享受新教育实验的朴素幸福。一方面，争取政府投入，逐步改善办学条件，力争区域间均衡；另一方面，争取新招大学生补充教师队伍，增添新鲜血液，让乡村教育充满活力。分管教学的副局长彭静说："优秀教师走了，我们再培养。新教育实验就是从教师的专业成长入手开展各项行动，很适合我们。"2011年，随县整体加入新教育实验，为解决乡村师资问题寻找到了路径。短短5年，在新教育理念的引领下，以创新的精神和务实的作风，脚踏实地地寻找改变乡村教育的突破口，全面刷新随县教育记录，悄悄地为乡村教育的发展探路。

第一，构建以人为本的生态教育体系。局长杨光明一上任，就要求随县教育要"学最好的别人，做最好的自己"。他亲自带队深入考察部分新教育实验区，并提出"尊重生命、关注成长、回归本真、和谐发展"的生态教育理念。结合乡村实际，寻求适宜自己生存的空间，让生态教育的种子在乡村教育这块沃土上生根发芽，开花结果。随县采取多种路径推进区域生态教育，以空间换取时间，以激情迸发力量，建立符合随县区域实际的生态教育体系。

第二，实现本土教育与新教育的融合共生。乡村教育不追求"高大上"，但不能肤浅粗糙，必须有新理念的支撑。2013年，随县教育局驱动"学校德育""课程改革"和"校园文化"这三驾马车，将构建"活力校园""魅力校园"和"和谐校园"三大校园作为随县生态教育的主旋律。在乡村教育实践与探索中，随县把本土教育追求与新教育实验的理念进行深度融合，形成共生共衍的场域。在实践中，随县教育实施学校德育融合，推行"每月一事""家校合作共建"，结合家庭教育和社会力量开展系列主题活动，放大与递增教育的功能，让校园充满和谐。课程改革融合"构筑理想课堂""研发卓越课程"，让课堂成为学生个性发展的舞台，课程成为学生生命成长的源泉。校园文化融合"营造书香校园""缔造完美教室"，让书香成为学校的底色，教室成为学生的乐园。根植本土，深度融合，新教育之花在随县绽放。

第三，追逐乡村教育的幸福梦想。随县新教育人勇于在发展中提升，思路清晰，抓住切口，追逐幸福生活的梦想。其一，课堂改革的破立结合"生态教育"核心目标是教育的高质量。2013年，全县中小学结合新教育理想课堂的"六维度""三境界"，积极探索适合学生的特色课堂。小学推崇快乐课堂，提倡赏识教育、尝试教育和养成教育，让小学的课堂充满童真和童趣；初中推崇智慧课堂，提倡阳光教育、健康教育和有效教育，让课堂不断溅起生命的火花；高中推崇高效课堂，提倡内涵教育、分层教育和精致教育，让课堂成为生命绽放的牧场。2014年，全县举办十大创新模式评选，中心学校的"三阶六步导学模式"等十种模式脱颖而出，引领随县的课堂革命，破除"满堂灌"的旧模式，建立课堂改革的新常规。随县乡村教育的高质量，是课堂改革赋予的额外奖赏。其二，让阅读成为一种信仰。各校建立图书室，开设班级图书角，固定阅读时间，以"师生共读""亲子共读"为形式的阶梯阅读让师生共同穿越一本书。"点亮心灯"为读书沙龙活动，QQ群让师生开展深层次的交流与碰撞，增强审美体验。新华书店在学校设置校园书店。1001图书援建读书室走进校园，新阅读乡村公益行落户随县，新教育基金会支持随县教室图书角建设。厉山三中的"炎帝文化长廊"，尚市镇小的"紫藤书廊"，净明小学的"走廊图书角"等都是读书的好去处；在神农广场举行的"经典诵读"阅读仪式，一年一度开展的"书香少年""书香校园""书香教师""书香家庭""阅读之星"评选活动，让"校园阅读节"丰富多彩。其三，教室里书写着生命传奇。以"关注学生的生命成长，教孩子一生有用的习惯"的理念为指导，来增加学生生命的长、宽、高。潭镇水小学"阳光班"用阅读丰盈学生的生命，用主题班会教会学生做人，用活动让学生阳光，用班级课程启迪学生的心智，用激励让学生一直前行。均川中心学校"四叶草班"用书信搭起一座沟通的桥，用数码社区记录学生成长的足迹。师生一起共同编织教室里的美好生活。万和镇小的追梦班用兰韵精神激励学生，班名、班刊、班歌等班级文化为学生立魂塑身，在教室里用爱和智慧让知识有了生命的温度，让学生成为幸福完整的人。其四，班级课程成就了师生的卓越。在随县，师生成了班级课程的研发者。他们利用身边资源研发出各具特色的课程，如地域文化课程、民俗传承课程和农村少儿乡土课程、乡村少儿传统游戏、体艺课程等。目前,全县研发课程有150余种,编印班级课程教材近100套。各校在运用中不断完善。通过课程研发与实施,师生的各种素养得到提高,知识面得到拓展,学到了在书本中学不到的知识。如义阳小学人人能哼上几句自编的义阳大鼓,淮河中心学校的学生随时可以与你吟诗作对。在新教育实验成果展演中,这些学校的特色表演以及烙有地域文化符号的"炎帝颂"和"编钟乐舞",都离不开班级课程的熏陶。

乡村新教育的随县味道

随县教育有种朴素深邃的味道。朴素是本色。随县教育的朴素并非普通、粗糙、土气,而是一种深邃的归真。正如庄子所说,"朴素而天下莫能与之争美"。随县教育将一件平淡无华的事情做到极致,挖掘出它蕴含在骨髓里的文化价值。如果我们把实施教育分为三个层次,第一层次是帮助教育对象发展知识与能力,第二层次是帮助教育对象成为人,第三层次是帮助教育对象成为他生命中最好的自己,那么,随县的生态教育就是成为生命中最好的自己。在课堂上推动自主,鼓励自教,形成实现自我价值的自在,没有花里胡哨的盲目追从,也没有打肿脸充胖子的自我嘲解,而是结合实际,量力而行。局长杨光明认为,"一所学校可以没有高楼大厦,可以没有先进的教学设备,但不可以没有自己的教学思想"。他倡导"各有不同,大家都好"的朴素教育观。在随县,课堂改革百花齐放,十大创新教学模式应运而生,艺术教育"成人之美"。一种良好的教育生态环境逐步形成,让教育得到自由呼吸,学生天性得到自由绽放。农村教育的随县现象引起各大教育媒体的广泛关注。随县新教育是一种朴素的幸福,在乡村里散发着泥土的芳香。

随县校园有种书香儒雅的味道。一个边远山区的阳光班阅读量平均达到600万字,教室里拥有1300本图书。校园里没有应试励志标示的"清华路""北大路",看到的只有书香浓郁的"紫藤书廊""炎帝长廊"。学生在书廊上品味书香,在校园里讨论书中的人物,在班级阅读交流会上争论书中蕴含的道理。随县100

多名优秀读书少年引领着校园阅读。读书手抄报、自编的班刊在校园里格外耀眼，与学生阅读展示活动构成一道美妙的风景。

随县教师有种朴实幸福的味道，看不到风流倜傥，有的只是憨厚朴实，他们在专业成长的路上走得执着，铿锵前行。57岁的王从伦老师是地道的农民形象，但他一谈到学生读书，就眉飞色舞，滔滔不绝。他和学生一起游戏时脸上挂着的是幸福的笑容。他给学生一片生命的牧场，缔造出一间全国十大完美教室，成为全国优秀教师。59岁的马定文老师，20多年民办教师的经历让他略显沧桑，但那种"一天没看到学生，心里就发慌"的教育情怀，在广阔的乡村教育中书写着生命的传奇。三里岗镇小的杨琴老师带着女儿支教古庙小学，传播新教育的火种。正是这些"拿起粉笔能教书，扛起锄头能种地"朴实的乡村教师，带领学生在"农耕园"里呼吸着自由的空气，过一种幸福完整的教育生活。

随县课程有种乡土清新的味道。新教育实验认为，教室是河道，课程是水流。乡间地头的一草一木，都可以融合到教育中，成为班级课程的一部分。村头巷尾的民风民俗，也是民间文化的直接传承，它们变成随县校园班级课程的资源，而这些资源充满乡土气息。厉山三中炎帝文化课程、万和义阳小学的义阳大鼓课程、淮河中心学校的楹联课程、潭镇水小学的石头拼画课程、新街镇小的泥塑课程、净明小学的种子课程、吴山的树叶粘贴画课程等都是乡村独特而城市学校不可得到的课程资源。尚市镇中心小学将"跳田""蹦步""滚铁环""打陀螺""拍元宝""丢沙包""跑风车""解皮筋""老鹰抓小鸡"等融为一体，形成体系，构成乡村儿童游戏课程。这些课程的研发，让学生在校园里享受童年的快乐，并在喜欢的游戏中成长。

随县学生有种阳光快乐的味道。在新教育工作会的开幕式上，小主人的落落大方；和教师一起叙事的齐楚的沉着冷静，略显大将风度；一个个小演员的精彩表现，让你很难相信乡村儿童也有如此的阳光与灵动。在厉山三中的课程展区中，一个个小小的解说员和展示员是那样训练有素，丝毫没有怯场的感觉。在唐镇展区，一场小明星签字赠书让观摩者啧啧称赞，霍莉莉、周纯伊走进央视舞台，让上央视不再是城里学生的专利。走进教室，学生的侃侃而谈让观摩者刮目相看。竹竿舞、葫芦丝、民族舞等艺术活动，让学生展示出生命的精彩与豪迈。乡村学生在舞台上快乐的表现，没有人觉得他们与城市里的学生有什么两样，甚至觉得比城里学生多了一份乡村的朴实、厚重与历练。新教育在随县扎根、萌生、吐蕊、发芽、开花、结果，这一切都显示出随县新教育的强大生命力和行动力。新教育人说："只要上路，就会遇到庆典。"的确，随县遭遇和卷入新教育的历程，就是一段段迎接生命庆典的历程。

（原刊于《教育》2016年6月24日，作者王长军）

被"夏洛"们改变的世界

——焦作新教育实验7年再扫描

9月2日，新学年开学的第二天，焦作市马村区工人村小学收到了一份"开学大礼"——著名儿童文学作家、"新父母研究所"所长童喜喜的阅读讲座，以及价值10万元的优质童书。

这是新父母研究所和二十一世纪出版社联合发起的"新孩子乡村阅读公益行"首站活动。该活动在全国遴选了100所有志于通过阅读来撬动学校发展、改变学校教育的乡村学校，并为这些学校捐赠总价值1000万元的优质图书，免费提供为期3年的阅读指导服务。焦作市4所新教育实验（以下简称新教育）榜样学校——焦作市马村区工人村小学、焦作市解放区上白作乡中心小学、温县祥云镇小学、修武县第二实验中学顺利通过审核。

童喜喜一开口便谈到了湖北省十堰市发生的校园惨案，没说几句，哽咽起来。很多家长也受到感染，抹起了眼泪。

"灾难背后就有父母教育的缺失"，童喜喜用自己的成长经历告诉家长，正确地爱孩子、智慧地爱孩子，就需要为孩子创造读书的条件和环境，与孩子共读，一起成长。

新教育在焦作扎根7年，带给焦作教育最大的变化就是读书的理念在学校、家庭的普及以及扎扎实实的共读行动。

就在9月1日，新教育童书馆也落户焦作。江苏昌明教育基金会为市新教育实验研究室捐赠了一批优质童书,将用于焦作市儿童阅读课程的研发推广及"完美教室"之间的"图书漂流"。

"萤火虫"光亮父母,家校结盟愈加坚固

焦作是河南省首个新教育实验区。"晨诵,午读,暮省"——新教育大力倡导的儿童生活方式和阅读课程,已经在无数间教室里扎根,这些无一不需要学生家长的大力支持。为此,焦作新教育的教师们都坚持做给学生家长写信的事情,一点点影响父母的教育观念,改变他们的家庭教育方式。

2012 年 8 月,新教育"萤火虫"焦作分站正式成立。新教育萤火虫项目旨在培养共读共行共成长的新父母,新教育榜样教师、马村区工人村小学的赵素香老师担任站长。"萤火虫"主要是通过线上 QQ 群的分享交流和线下的主题实践活动,来影响和带动父母读书、进步。

"萤火虫"全部依靠"义工"打理。目前,焦作站有 16 位"义工"。每天,义工会在第一时间转发新教育晨诵内容,分享最新的家庭教育理念。每周三,分享全国群里的专题讲座和交流。每周五晚上是焦作分站自己原创的内容,有专题讲座,有读书心得分享等。除了这些常规工作,义工每天还在线为父母答疑解惑,交流孩子的教育问题。她们就像一个个萤火虫,不断地"点亮自己,照亮他人"。

两年多的时间,"萤火虫"焦作分站组织了近 30 场家庭教育专题讲座、40 多次亲子共读、近 20 次的大型线下交流活动。义工们的辛勤付出换来的是自己的成长,以及父母的成长和支持,家庭、学校成为真正的教育共同体。

为了让学生有一个温馨舒适的学习环境,开学之前,很多家长自发参与到教室的粉刷和布置中。在完美教室项目建设中,新教育的很多班级都有自己的班级文化和价值系统,很多班名、班徽是家长共同参与设计的。

类似这样的事情在焦作的学校里有很多,新教育让家校关系变得十分融洽,教育也因此变得和谐而润泽。

随着焦作萤火虫活动影响的不断扩大，2014年焦作市图书馆与市教育局联手，在市图书馆设立"新教育萤火虫焦作分站活动基地"，共同推进书香焦作、美丽焦作建设。

冬春夏秋，"种子教师"体验幸福

焦作新教育的第一粒"种子"、新教育研究室主任张硕果的手机还保留着修武县第二实验中学王志芳老师发来的一条短信，表达自己渴望成长，想成为一名"种子教师"的心愿。王老师说，儿子今年考上了高中，自己的心静了许多，家里也没有什么事情，而且送走一届学生，要重新接手一个七年级班，所以特别想加入种子教师团队，跟着"高手"学习，开发好的课程，从头认认真真地做新教育。

新教育"种子教师"项目主要汇聚全国最优秀的榜样教师，旨在全国范围培养新教育的中坚力量，提高教师的新教育课程研发和实践能力。张硕果是该项目全国总负责人，她介绍说，焦作作为新教育优秀示范区，目前有"种子教师"50多人，在整个团队里所占比例是最高的。

种子教师分为四个级别：冬季种子、春季种子、夏季种子、秋季种子，分别寓意为萌芽期、破土期、成长期、成熟期。经过半年到一年的学习，经过考核，就可以晋级。不同级别的种子教师，将相应得到从图书漂流到外出培训、课程研发资助等不同规格的资助。

种子教师司湘云两次递交申请，最终通过。她说，"我常常有种错觉，仿佛自己的教育生涯是从有了儿子之后、重新接手现在这个'雏鹰班'才算渐渐开始的"。

正是这种渴望成长的内心动力，焦作的大批教师迅速成长。范通战、赵莉莉、党玲芬、薛海波等当选《教育时报》评选的河南最具成长力教师、智慧力班主任，焦作新教育领军人物张硕果获得首届河南最具影响力教师特别奖，获得《中国教育报》评选的"推动读书十大人物"荣誉称号。

在焦作，新教育就像一个教师培训学校，培训成本很低，甚至零成本，唯一需要的就是教师内心强烈的成长愿望。

新教育引发"焦作现象"

"在焦作，在许多新教育实验学校的入学仪式中，教师迎接一年级新生的不仅仅是笑脸，还有拥抱，以及校园里的第一次旅行——学哥学姐们会领着一年级学生参观校园，这些都是被当成课程来做的。新教育就是要让学生从入学第一天就感受到学校的美好。"张硕果说。

"研发卓越课程，缔造完美教室"，是新教育统整理念、扎根田野的重要载体和核心项目。焦作市的教师几乎都熟悉《第56号教室的奇迹》的作者、美国名师雷夫的一句话——"一间教室能给孩子带来什么，取决于教室桌椅之外的空白处流动着什么"，熟悉朱永新关于教室的解读——"教室就是一副扁担，一头挑着课程，一头挑着生命"。

教师虽然对课程、完美教室有自己不同的表述，但都是为了尽力给学生美好、丰富的体验，让教室和学校成为师生的向往之地。

沁阳市第四小学地处城乡接合部，办学条件较差，白娜老师的班级在一年级时只有18个学生，但新教育让白娜重新找回工作激情。在"晨诵、午读、暮省"之外，她开发了"亲子课程""共读课程"，一点点赢得学生与家长的心。到五年级时，班里的学生增加到了83名，生源逆流。她书写了教育生涯中的一段传奇。

2012年，中央电视台《读书》栏目推出暑期特别节目——"寻找中国最会读书的孩子——'我的一本课外书'活动"，在全国各地海选30位最会读书的孩子赴央视参加节目录制，焦作市就有5位读书少年入选，焦作市马村区工人村小学教师赵素香的学生崔靖文最终获得"全国十佳读书小榜样"称号。这对于一个三线城市的教育来说，不能不说是一个奇迹。奇迹的背后，是新教育7年如一日扎扎实实地做阅读推广。

2014年5月，河南省校讯通第十届书香班级评选结果揭晓，焦作市的成绩再次让人赞叹：近700个获奖班级和个人中，焦作占有179个，占据"绝对优势"。有人把这称作"焦作现象"。

2013年10月，焦作市教育局局长王屹东履新，焦作新教育又迎来新的发展期，张硕果老师也拥有了自己的工作室。2014年，全国首届新教育种子教师研训营在焦作成功举办。焦作作为全国新教育的榜样示范区，不仅辐射影响着郑州、洛阳、安阳等地方，在全国的知名度和影响力也越来越大。新教育发起人朱永新表示，新教育实验有两大愿景，其中之一就是成为中国素质教育的一面旗帜。

新教育人就像《夏洛的网》中的夏洛一样，在相互编织中创造别人生命中的奇迹，也为自己的生命创造奇迹。

（原刊于《教育时报》2014年9月23日，记者吴松超）

让羌乡孩子过"幸福完整的教育生活"
——北川深化教育改革综述

4月14—16日,由中国新教育研究院主办的全国新教育实验区工作会议在北川举行。来自全国各地新教育实验区的代表700余人汇聚一堂,共同分享新教育区域推进实践成果,交流新教育经验,共谋新教育发展。

会议期间,与会人员参观了北川部分学校,并听取了北川方面以"新北川新生命新教育"为主题的情况汇报。大家对近几年北川教育取得的长足进步表示高度赞赏,对北川教育未来的发展充满希望。

近年来,北川不断深化教育改革,全县基本形成布局合理、配置均衡、功能完善的县域义务教育均衡发展格局,全面形成学前教育—义务教育—高中阶段教育前后衔接、普通教育—职业教育—成人教育协调发展的国民教育体系,成功步入跨越式发展和转型发展的良性轨道。全县学子正在过着一种"幸福完整的教育生活"。

教育优先发展战略,为教育保驾护航

学前三年毛入园率为80.1%,学前一年毛入园率为94.2%,小学入学率达到100%,初中入学率达到98.9%,2006年9月被国家教育督导团认定为"义务教育基本均衡县"。2016年高考,北川中学本科硬上线率达69.23%,超过市下达

目标320人；2016年，县教体局和北川中学均被市教体局评为全市教育质量特等奖；2016年，北川七一职中参加高考153人，硬上线率达100%，技能大赛勇夺全市"六连冠"……

学前教育快速发展，义务教育均衡发展，普通高中教育跨越发展，职业教育稳步发展。近年来，北川教育"全面开花"，呈现出一片欣欣向荣的景象。脱胎换骨般的变化从何而来？来自北川不遗余力地深化教育改革。

以办好人民满意的教育为宗旨，北川县委、县政府将教育作为重大民生工程优先发展，加大教育投入：每年投入上千万元，从2015年9月1日起在全县农村义务教育学校推行免费午餐，惠及全体义务教育阶段学生；落实普通高中国家助学金、学期教育奖和保教费等民生政策，让学生享受公共财政阳光；投入专项资金，进一步完善办学条件；实现学校"三通两平台"全覆盖，建立覆盖全县40所学校的网络课堂。

北川还在部分学校建设了生命体验训练中心，让家长、学生都能开展生命体验应急训练；建设了40所学校的想家系统，让留守儿童可面对面和家长对话。

创新管理开放办学，让教育如虎添翼

以管办评分离推进制度改革，北川坚持"权责统一、统筹兼顾、放管结合"原则，加快推进教育治理体系和治理能力现代化，激发教育活力。以教师职称制度改革为契机，建立统一的中小学职称制度，全面实施聘用制度和岗位管理制度；以绩效考核为杠杆，把教师绩效向骨干教师和边远地区倾斜，落实农村教师生活补助，稳定山区教师队伍；率先开展事业单位绩效考评试点，激发教师工作热情，增强教师职业认同感；建立健全城乡教师、校长轮岗交流制度，促进城乡教师交流，优化区域优质师资配置，确保优秀教师资源的合理流动，为实现县域内教育的均衡发展奠定基础。

与此同时，北川大力提升教师专业化发展水平，建立了教师队伍培训机制、补充机制和激励机制，优化教师队伍结构，并加强师德师风建设，通过教育、宣传、激励、监督等方式，建立师德师风建设新机制。实施"名师工作室""城乡学校协作体"工程，优化名优骨干教师队伍，竭力提升教师的专业化水平。

切实推进新教育实验工程，北川以新教育"十大行动"为途径，传播新教育理念，培养了一批新教育种子教师、榜样示范学校、新教育理论与实践团队，让新教育项目成为北川教师成长的沃土。

大力实施乡村未来教育家培养工程。从2016年起，全县培养了一批区域内、县内、省市国家各层面的专业教师队伍和管理队伍，培养一批有教育理想、教育智慧、教育情怀、教育精神的北川乡村未来教育家，引领全县中小学、幼儿园师资队伍水平的整体提升，为办一流的民族教育、打造民族地区的教育品牌夯实人才基础。

大力倡导文化兴校，让教育更有内涵

课堂是师生共同成长的地方，北川各个学校坚持不懈地开展理想课堂教学研究，以"六个度"和"三重境界"理论为指导，结合全国课堂改革要求，走过了从"规范课堂"到"高效课堂"再到"理想课堂"的三个阶段。在全县"三环五步教学"理念的统领下，很多学校形成了自己独特的教学改革方式，如安昌小学的"双自主"、北川中学的"学思"课堂、西苑中学的"六环节"等。

课程是通向学生未来幸福生活的跑道，延伸生命向上的阶梯。北川各个学校聚焦培养学生核心素养，挖掘地方教育资源，开发校本（班级）课程，陆续开发了各种特色课程，如北川中学的"防震减灾课程"、七一职中的"感恩教育课程"、擂鼓八一中学的"走心德育课程"等。

禹羌文化、红色文化、抗震文化和感恩文化在北川的学校里交相辉映。各学校立足实际，以感恩文化、禹羌文化为重点，以环境文化、制度文化、行动文化、精神文化为载体，通过书香阅读、每月一事、缔造完美教室、家校共育、文化展演、研发课程、开展主题活动等多种途径，进行学校文化建设，从而让教育变得更有内涵。

"成绩令人鼓舞,但发展永不停步。今后我们将用更加开放办学的思路和眼光,寻求自身的进步与转变,不断探索教育内涵发展、均衡发展和开放发展之路,把北川教育打造成一个叫得响的品牌。"北川相关负责人说。

(原刊于《绵阳日报》2017年4月17日,记者刘应琼、杨檎)

第五章

—— 风景怡人独向好

相信种子　相信岁月

导读：

本章主要选取媒体关于社会机构等第三方对新教育实验客观评价的文章。

回望新教育18年来的艰难历程，总会让人催发太多的思绪感慨，铭记背后的多方力量。这种思绪感慨不仅仅来自这18年艰难行走的心路历程，更多的是来自社会对新教育关注和支持的由衷感恩；这种力量不仅仅是来自战胜艰难的那份胜利，更多的是社会多方的无私慷慨。新教育人知道，没有这种关注和支持，没有这份慷慨和力量，新教育或许不会有今日的成绩，甚至走不到今天。

没有一分钱的政府资金支持，她就这样悄然地走过了18年。尽管如此，新教育的18年，是被关注的18年，也是被扶掖的18年，更是大丰收的18年。

自登台出场以来，新教育从来不缺少关注，不缺少力量，也并不孤单。正是这种关注、这种力量，才使得新教育始终在社会的目光中成长，从而成为推动中国教育改革一支不可忽视的重要力量。因为围观就是一种力量，关注就是一种支持。

这是一众支持的力量，一众扶掖的力量，一众监督和批评的力量。他们各自身份不同，立场不同，观点不同，角色不同，有的是来自教育职能部门，有的是普通学生家长，有的是民间教育机构，有的是大学权威教授，有的是教育行政负责人，有的是社会企业慈善家，有的是钟情教育的热心记者……他们秉持中立的客观立场，围绕"什么是新教育""新教育的本质""新教育好在哪里""新教育对师生有什么作用""新教育对当下中国教育改革的影响"等维度，站在不同的视角，审视新教育实验18年来的成长记录。他们的评价，实质上就是帮助新教育人省察自己，不断汲取经验教训，从而变得更加卓越。

我们有理由相信：正是你们关注的目光，新教育才会走得更好、更高、更远！谢谢一路上你们的陪伴！牢握你们的手，紧紧地！

新教育，打造麦田里的守望者

新希望工程——风起于青苹之末

在中国教育广受鞭挞之际，在任何人都可以对教育信口雌黄之时，朱永新先生却以一个教育大家的良知，坚持行走的姿势，以笔为旗，高擎永恒不灭的精神灵魂，追求自己的教育梦想！

从最初朱先生一个人的朝圣到现在新教育的如日中天，新教育走出了一条并不平坦的路。2002年厚积薄发的新教育横空出世，犹如沉闷的水面飘过一片风帆，阴霾的天空掠过一只飞雁，沉寂的天空响起一声惊雷！清风拂面的新教育，不仅让沉重不堪的教师醍醐灌顶，灵光乍现，而且准确击中现实教育的死穴，直抵教育的本真！可以说，凡是接受过新教育实验思想的人，都会被朱永新俘获。这中间的原因很复杂，除了朱先生独特的个人魅力、现实教育给人的沉重失望外，更重要的是新教育理念的"蛊惑人心"。让教育成为学生享受成长快乐的理想乐园，让教育成为教师实现专业发展的理想舞台，让教育成为学校提升教育品质的理想平台，让教育成为新教育共同体的精神家园和共同成长的理想村落……在这种理想或者是梦想的感召下，没有多少人能够抵御鲜活教育的诱惑！

教师毕竟是知识分子，而且是有良知和较为清醒的知识分子，每个人都知道现实教育中，学生很苦，教师很累，教育很危险。这个甚至已经成为教育界的新"三农"问题。但是,高考指挥棒就像鲁迅笔下的头羊,指引着我们这些大羊,领着一大堆小羊没日没夜、没头没脑地奔走,未来在哪里?我们究竟要到哪里去?没有人来告诉我们!教师需要启蒙,需要澄清,需要引导!愚昧固然可以省却一大笔沧桑和痛苦,但却一定会制造荒唐。教育的荒唐,是谁也承担不起的历史责任啊!

《南风窗》借教育界人士之口称,该实验有望在另外一重意义上成为继希望工程之后的"新希望工程"——原先的希望工程是一项增添书桌的工程,侧重物质;新希望工程是一项有了书桌后塑造什么样人的工程,注重精神。

注重精神的新希望工程——新教育的意义和价值就在于它是内敛的、精神的、生命的、长远的。新教育告诉我们:教育是为了点化生命,荡涤思想,丰富人生,使学生精神生活充实起来,生命丰盈起来,人生的价值光彩起来。教育应该是幸福的、快乐的、充盈的、感性的、灵性的、有温度和湿度的,而不是干巴巴的教条和冷冰冰的制度。教育应该追求新的文化理念、新的价值期待、新的社会理想,应该让我们清楚地看到一个痛苦时代的痛苦、一个挣扎时代的挣扎、一个希望时代的希望!

新希望工程的另外一层意思是,希望工程毕竟是一个工程,它还是弱小的、脆弱的、需要扶助的,并不是政府的行为,因此只能依靠民间人士的道德认知和价值承担,需要一块砖一块瓦的物质支持。新希望工程也是如此,它也是民间的、脆弱的、需要扶持的,需要所有教师的爱心、理想和积极行动。新希望工程更多的是唤醒,是触动,是启迪,是激发教师内在的创造热情和创造魄力,让教师自己来拯救自己。尽管这些民间力量没有制约性,没有外来的强制力,但它又是"希望"的,是着眼于未来的。如果说希望工程的理想是不让一个学生辍学,那么,新希望工程的理想就是不让一个学生的心灵荒芜!

行走的姿势——在希望的田野上

我不去想是否能够成功,

既然选择了远方，便只顾风雨兼程。

我不去想是否能够赢得爱情，

既然钟情于玫瑰，就应该勇敢地吐露真诚。

我不去想身后会不会袭来寒风冷雨，

既然目标是地平线，留给世界的只能是背影。

我不去想未来是平坦还是泥泞，

只要热爱生命，

一切，都在意料之中。

汪国真的这首《热爱生命》，深深地鼓舞过我，因为这是一首行者之歌。新教育的最大特征就是行走，教师行走，带动学生行走，推动学校行走，鼓励家长行走，发动社区行走！新教育的最终理想就是要构建一个学习型的社会！

我一直以为，教育需要梦想家和诗人来经营，需要信徒和殉道者来朝圣，需要肉体的投入、灵魂的参与和精神生命的支撑。中国的未来靠教育，教育的未来靠学生，学生的未来靠教师！只有提高教师素质，才能以理想碰撞理想，以智慧开发智慧，以激情澎湃激情，以精神锻造精神！所以，朱先生把改变教师的行走作为新教育的逻辑起点，确实是抓住了教育的"牛鼻子"。

为了改变教师的行走方式，让他们做研究型教师、反思型教师，朱永新先生身体力行，在教育在线上开设教育随笔专栏，大家写"小作"，并且与其他教师互动写作！朱永新甚至设定了"成功保险公司"，如果教师坚持十年反思写作，还不能成为一个成功者，他愿意以一赔百。朱先生以这种极端的方式，来表达自己对新教育的信心。在但丁的作品中，有这样一个意象常常打动我：在黑暗的旷野中，狂风暴雨，电闪雷鸣，但丁高擎着火炬，努力行走，不断找寻……渐渐地，火炬熄灭了，四下一片漆黑。但丁突然把手深进自己的胸膛，掏出一颗鲜红的心，那心呼啦一下子燃烧起来，成为永不熄灭的明灯……每当想起朱先生，我的脑海里就会涌出这个意象。我为朱先生的状态、精神和理想国而感动，为中国诞生如此高品格的教育家而感动！

正是通过改变教师行走方式，教师的职业倦怠消除了，教师的教育思想更新了，一大批教师找到了人生的快乐，实现了人生理想。

很多一线教师有了详细的读书计划，有了明确的人生目标，他们读书、思考、实践、反思。枯燥的东西变得鲜活，遥远的东西变得亲切，理想被擦拭得熠熠生辉，梦想变得触手可及！过去，我们总是强调要加强学生的成功体验，因为成功的体验总是能够鼓舞人，高峰体验更是能够激励人，并进而改变人的心态和人生。可是，我们很少关注教师自己，教师也需要成功体验，也需要心灵关注。朱永新先生认为，"状态大于方法，方法大于苦干"。人生就是处于正陀螺和负陀螺两种状态之中，成功的体验是进入正陀螺状态的重要途径，也是改变教师状态的有力武器。通过写随笔，教师必须学习，必须反思，必须内化。"只要行动，就有收获"，天天反思就会天天进步。联合国教科文组织认为：教师的专业发展＝经验＋反思。反思来的东西又会在实践中成为新的经验，重新指导实验，教师在实验后继续反思、继续进步，这是教师专业发展的螺旋式上升过程。2002年6月，教育在线网站创立，这是一个值得写入教育史的大事。从此，中国教师有了自己的网上家园，"新教育共同体的精神家园和共同成长的理想村落"，终于成为现实。

教师的行走方式改变了，学生的学习方式自然也发生了变化。通过师生共同读书、写日记、写随笔，教师和学生交往、交流、交心，这样的教师普遍能赢得学生的喜爱和尊重。教师理解了学生，学生懂得了教师，在这样和谐的师生关系下，还有什么教育弄不好呢？孔子所说的"教学相长"、师生同乐，在这里成为真正的现实。如果说过去的教育是从拿着"放大镜"寻找学生缺点到拿着"显微镜"寻找学生优点，那么，新教育则是拿着"望远镜"来指引学生未来！

正如朱永新所说，只要方向是对的，理论可以有缺陷，在实践中丰富；而没有实践，任何理论都是灰色的，都是一纸空文。最重要的还是实践，需要行走，需要创新，需要用脚踩出一条路。鲁迅说："其实地上本没有路，走的人多了也便成了路。"那么，我们何不妨从新教育中蹚出一条属于自己的路？

如今的新教育，已经拓展到全国20多个省市：200多所实验学校，数百万不在编的实验教师，汇成新教育的滚滚洪流。他们流淌在希望的田野上，青春勃发，蔚为壮观！2006年，新教育正式进京，从民间到官方，以"农村"包围城市，新教育即将走出"小岗村"，迎来全中国教育联盟的大团结。

理想的灼烧——从心开始

理想无疑是新教育中出现频率很高的一个词。在《新教育之梦》中，朱永新先生这样阐释理想："谁在保持梦想，谁就能梦想成真；谁能不懈地追寻理想，谁就能不断地实现理想。"为新教育奔走呼告的大都是一些理想主义者，尤为可贵的是这些理想主义者绝大多数又是实干主义者，甚至可以说，他们自身的成长史就是新教育的发展史，他们用自身的成功昭示着新教育的光明未来。

既然是理想，当然也就可能是空想，甚至有可能坠落为妄想！在我和一个编辑的对话中，有两个问题引起我的注意和思考。第一个问题是新教育究竟有没有触动师生的心灵？第二个是新教育到底带来了哪些改变？

可以说，以往的很多教育实验取得的经验固然不少，但它们往往注重技术层面，从微观入手，注重一招一式，以提高教学成绩为旨归，很少关注学生心灵，很少以影响学生的精神生命为价值标杆。我以为，一切不能触动学生心灵的教育，都是失败的。当年鲁迅先生之所以弃医从文，就是因为先生觉得"要改变一个人，首要的是改变他们的精神"。新教育与以往教育实验最大的差别就在于——新教育，追求从"心"开始！

教育是心灵的濡染和熏陶，没有心灵参与的教育，就是没有灵魂的教育，就是短视和短命的教育。新教育的"六大主张"大都指向学生的心灵，鼓励学生阅读经典，重视精神状态，倡导成功体验，以弘扬学生的人文教育为己任，高举人文教育的大旗，对学生负责，对历史负责，对未来负责；倡导学生具有海纳百川的胸襟，追求卓越的品质，天人合一的情怀，自强不息的意志，敢为人先的魄力，诚信公正的操守，浪漫时尚的气质，白璧无瑕的品格。正如陶行知所说，力争"培养出值得自己崇拜之学生"。所有这些，对塑造学生的精神风貌和健康人格，无疑起着至关重要的作用。

那么，新教育实验带来的具体改变是什么呢？

新教育首先高屋建瓴地明确了三个问题。第一，我们面临什么样的挑战？第二，我们需要什么样的人？第三，我们需要怎样的教育？正是因为明确了这三个问题，新教育才有的放矢地更新、改变、创造。

先看学生，实施新教育以来，学生的内功提高了。经典阅读的大大增加，打好了学生人文的底子，这就是内力、内功，人到一定层面上比的就是这个东西。另外，学生的负担减轻了。卢梭说，"在万物的秩序中，人类有它的地位；在人类的秩序中，童年有它的地位；应当把成人看成成人，把孩子看成孩子"。让学生享受读书的快乐，是上天赋予的权利，而剥夺学生的自由，是魔鬼也不屑的勾当啊！

新教育让学生感到了轻松快乐，脸上有了笑容，心里有了梦想，不再觉得学校是"阎罗殿"，而是"流星花园"。这种和谐健康的心态，对教育教学是何等重要！新的教育理念和教育方法的确立，使学生在校赢得的是微笑，是赞赏，收获的是信心，是动力。这里教给学生的是终生有用的东西，它们不是死的显性知识，而是活的隐性智慧。这些智慧的获得，一定会让学生在将来的人生发展中如虎添翼。

再看教师。教师不再是陈腐的师道尊严，不再是肤浅的一桶水，不再是"毁"人不倦的园丁，不再是飞蛾投火的蜡烛；教师是朋友，是战友，他们从独白走向对话，从单一走向整体，从接受走向建构，从外在走入心灵，从现实走向未来。

教师是日日更新的大河，奔腾不息；是潇潇洒洒的春雨，润物无声。教师是盗火的普罗米修斯，引燃火种，照亮人生。他们重视引导，重视经历，重视唤醒，重视感染，重视熏陶，并以此来强化学生重视感受、重视体验、重视创造，从而引领学生加强内化，自我提升，自我塑造。

教师还积极营造一种"同行、同心、同乐"的民主氛围，在集体之内，力争做到人人心胸开阔，个个阳光灿烂，让生命获得一种安全感，让微笑从心底流淌出来，让每个个体都赢得统一的尊重，得到同样的重视，获得同等的发展机会，都有成功感，都有灵魂的依靠，都感到做人的幸福和快乐。

新教育不是飘扬的乌托邦，而是握在手里的"桃花源"！

梦想还有多远——心若在，梦就在！

新教育注重人的精神品格，注重人的终身发展，注重人的内心世界。在应试的浊浪滔天中，新教育应该是一个"逃学者"，但并非一个消极者、厌世者，而是以另一种方式实现教师、学生、家长的人文重构。新教育改变的不仅是学校，还有无数的家长，社区。所以，朱永新说："新教育是为了一切的人，为了人的一切。"

新教育致力打造的是麦田里的守望者！

《麦田里的守望者》的主人公霍尔顿是个逃学的学生，他的理想是成为在麦田里做游戏的孩子们的守望者。霍尔顿说，他想象着在一大片麦田里，成千上万的孩子在游戏，周围除了他没有一个大人。他就站在麦田边上的悬崖旁守望着，哪个孩子朝悬崖奔过来他就捉住他，不让他掉下悬崖。这个超常的想法具有理想色彩和浪漫诗意，遗憾的是塞林格在书中没有提到麦田的颜色，在嫩绿和金黄之间我们当然无从选择，但是色彩在这里已经不再重要，重要的是有新鲜的阳光，心灵的呵护，天真的快乐；有自由在天空中飞翔，有美丽的情愫在自然中疯长，还有那个哼唱着"假如你在麦田里捉住了我"的守望者在那里静静地守望。

有了纯洁的心灵和善良的种子，有了恢弘的理想和廓大的精神视界，一代青年的品格重塑，一个民族的人文更新，离我们还会远吗？

（原刊于《师道》2006年第2期，作者王开东）

走出中国教育自己的路

我与朱永新第一次见面时，他已经是苏州市主管教育的副市长了。和一般的主管副市长不同，他是一位学者型的教授副市长，既有着官员的练达和果断，也有着学者的深沉和智慧，身边还有成千上万思想的追随者和富有实践经验的博士生。作为全国政协委员，他每年要付出心血写成许多改革提案，要到许多地区和学校充满激情地推进他倡导的新教育实验，并以常人难以想象的精力和至诚从事工作与研究，其精神令人敬佩。

一

2000年，朱永新出版了他的《我的教育理想》，他的《中国的教育缺什么》点醒了许多迷茫的教育者，以"直指人心"的智慧和魄力揭示现行教育中存在的问题。2002年，他又出版了《新教育之梦》一书，系统阐述了他的新教育主张和相关实验设想。他认为，教育的改革与创新是教育的发展之本，而教育科研是教育发展的第一生产力，也是教师成长的重要途径。新教育实验以师生为本、实践为本的理念值得推广。同年9月，朱永新确定了新教育实验的第一所实验学校，在当年推进新教育实验的一次会议上就有来自全国15个省市130余所实验学校的350多名代表出席。他所倡导和推进的新教育实验有四大理想：

改变中国学生的升学状态；改变中国教师的行走方式；重塑中国教师的人文精神；打造中国教育的"苏州学派"。这种有个性、有思想、有气魄的表述，在中国的学术界似乎已经久违，其所具有的影响力和感染力自然超乎寻常。

谈到新教育实验的创新特征时，朱永新认为应该包括善于继承、注重行动和学会思考等方面。为了使更多的教育工作者能理解他的新教育思想，朱永新参照当年陶行知的做法，把他设计的理论框架用最简约、最通俗的文字表现了出来：

核心理念：为了一切人，为了人的一切。

目标追求：追寻理想，超越自我。

价值取向：只要行动，就有收获。

主要观点：相信学生与教师有无限的潜力；教给学生一生有用的东西；重视精神状态，倡导成功体验；强调个性发展，注重特色教育；让师生与人类大师对话，与崇高精神对话。

与长于坐而论道的学院派不同，朱永新新教育实验的最大特点在于注重行动。基于此，他为实验量身定做了"六大行动"，即营造书香校园；师生共写随笔；聆听窗外声音；建设数码社区；培养卓越口才；构筑理想课堂。在这些行动中坚持实验的公益性原则、真实性原则和普及性原则，并使行动指向德育、智育、体育、美育、劳动技术教育，以及学校、教师、校长、学生、父母等十大领域的问题和理想目标。

面对各种背景的实验学校和参与实验的不同师生，朱永新着力改变以往教改典型经验"中看不中学"的弊病，确立了新型的实验管理原则，即要求各学校"自愿参加与行政推动、网络交流与资源共享、项目推动与典型引路、自我管理与监督结合"，注重学校、教师、学生和家长在实验中的成长。

一位实验学校的教师深有体会地说："参加新教育实验，澎湃的是激情，涌动的是理想，激起的是热情，付出的是真心，发展的是智慧，收获的是每一刻的生命。我们在行动中得到感悟，在感悟中、阳光下携手前进，有理由期待新教育实验走向辉煌。"

参加实验的所有学校都不是按照一个模子塑造或束缚自己，而是依据自己的条件和特点进行丰富多彩的创造。一位实验校的校长说，"新教育实验是承载理想的小船，在实验中我们推出了自己的《读书丝语》和《爱心日记》；在教育在线的平台上，我们可与名师直接对话，与同行共同成长"。江苏教育科学研究所所长彭钢教授也认为，"新教育实验是上天入地的教育科研，是用最普通的方式作最伟大的研究，重在行动，从诸多方面改变了中国学生的生存状态，改变了以往脱离实际的研究风气"。

一种教育实验能得到如此"心有灵犀"的回应，真的是令人感动。

二

在新教育实验的群体中，既有公立名校，也有民办学校，还有许多条件较差的薄弱校。新教育思想的传播，既通过演讲、座谈、写文章、上电视等常规渠道，也非常注意利用现代信息技术向教育界和更广泛的社会群体施加影响。

新教育还与《人民政协报》和21世纪教育研究院合作，建立了极受广大教师喜爱和欢迎的教育在线网站，经常有几十万教师在网上交流教育随笔，厘清自己的发展思路，共享学习和实验的体会与成果。教师在这样的实验环境和氛围中工作与生活，可以自然而然地从职业倦怠中走出来，找到适合自己成长的定位、成长的平台，并进一步认识到，教育是要让人过有意义、有尊严的生活，教师首先要有这种意识、感觉和体验。

有一位薄弱校的教师说："在最初参加实验时，我们曾遇到困难，校长原答应赠给每位教师一本《新教育之梦》，但因经费紧张不能实现。朱（永新）老师知道后用自己的稿费给我们每位教师买了一本《新教育之梦》，并赠给学校一套《教育在线文库》。这鼓舞了教师，振奋了我们的精神，使我们能够坚持下去，继续实验，并取得较为可喜的成果。"

在农村学校，物质条件是无法与城市相比的，但对这些学校，朱永新并没有放弃，而是鼓励他们因地制宜地做好最基本、最关键的工作。他说："我们要为农村的学生打造亮丽的精神底色。""我们越在农村,越要让学生多读书,多了解外面的世界。作为教师,你把学生引领到书的海洋自由地遨游,你就做了一件功德无量的好事。"

朱永新就是这样用自己的理想去引导更多的教育者自发地、敞开心扉地放飞自己的理想,开阔自己的视野,打碎束缚自己思想的框框,真正体会到实践是检验真理的标准。教育要从爱、理解和心灵沟通开始,从课堂、学校、家庭和社会开始,教育的实验没有时空约束,应有更广阔的思路和胸怀。

三

近代以来,外国的坚船利炮不仅摧毁了中国的建筑,也打垮了一些中国人的民族自信心。因此,在教育改革和发展方面,向西方学习一直是百年来的强势的声音,人们渐渐地习惯于追风赶浪地模仿西方发达国家,而弱化了自主的思维和实践。

新教育理论包括了几方面的渊源,既有西方教育发展传统,尤其是"新教育之父"——英国教育家雷迪的思想;又有中国教育家陶行知、蔡元培、黄炎培、陈鹤琴等人的思想与实践;还借鉴了20世纪流行于美国的新教育运动,以及新课程改革、新技术教育理念给予世人的诸多启发等。可见,新教育实验不是抛弃,而是继承和弘扬。

著名学者杨东平对朱永新提出创立"苏州学派"的说法很感兴趣。他说:"新教育实验反映出一种文化气象,突破了学者封闭的研究,有广泛的参与,调动了一线教师的热情,形成了很大的场。"建立"苏州学派"的说法对我来说很新鲜。苏州历来人气很盛,有许多学派,源远流长,确实有文化传统。"苏州学派"所体现的理念首先是人文性,新教育实验的理想,本质也是注重人的发展。其次是实践性。多年来,我们的改革多停留在概念上,教育现实与社会需求反差很大。新教育的实践有别于学院派研究、行政化实验,是第三条道路,寻求自上而下与自上而下的结合。三是继承性。新教育实验与现在正在进行的一些实验不同，不是全盘西化，而是从教育的传统和现实中来，从解决问题出发。在苏州发起这一实验，是对传统的继承。

我理解的所谓"苏州学派"可能还有一个意思，就是缘于中国区域间经济、文化和社会发展不平衡。具有区域特点的改革不仅能够具有地方特色，而且可能容易异军突起。我在上世纪90年代初曾提出建立"教育特区"的设想，但却没有条件和能力实现。而朱永新以苏州地区为主、向全国辐射的新教育实验，大概正是这一理想的实践。

审视中国教育的整体状况和问题，我们既冷淡了传统，又压抑了个性。对一个正在觉醒，意识到中国需要自主创新人才的国家而言，推进教育的改革与创新是极为必要的。而真正能促使教育改革落到实处的，并不是长官意志、部门政策、法律条文等，更重要的是要有大量新教育实验这类能够深入教育实践第一线，能与广大师生密切交流的实际行动。中国高水平的人力资源和多方面人才寄希望于此，中国的教育家和教育流派也将诞生于此。

在这方面，朱永新开了一个很好、很关键，同时又很艰难的头。我们深深地感谢他，并祝他的新教育实验和"苏州学派"能为中国的教育发展与创新作出更多、更精彩的贡献。

（原刊于《湖北教育·综合资讯》2012年第8期，作者程方平）

行动的和理想主义的

——一个家长眼中的朱永新和他的新教育

无名而本真的教育

第一次听说朱永新先生和他所倡导的新教育实验的时候，我脑海里一下子涌出陶行知、晏阳初这些教育家的名字。这些有识之士以坚定的梦想穿透他们所在时代的贫穷、动荡、功利、浮躁，闪耀着恒久的光芒。

作为一个学生的家长，我在看朱永新先生的《中国新教育》（下称《新教育》）时，常常觉得"于我心有戚戚焉"。在中国，没有谁会比一个中小学学生的家长更能体味当下教育的酸甜苦辣。你不情愿应试教育绑架自己孩子童年的快乐，却又恐惧不按规矩来他真的会"输在起跑线上"，并进而在高考的独木桥上失足落水。这种心有不甘却又不得不随波逐流的无奈和纠结，相信很多家长会有同感吧。

前些日子，某大学教授对他的学生宣称："如果你到40岁还没有赚到4000万，就不要来见我。"在他看来，高学历者的贫穷就意味着耻辱和失败。他的话也不失为教育提供了一剂药方——相信也代表着当前很多国人的心声——教育的终极目的就是培养一个又一个千万富翁。如果教育＝赚钱，事情倒变得简单起来，我们还有什么需要困惑和焦虑的呢？恰恰因为教育的目的不是这么简单和功利，才使得芸芸众生在被世俗的规则压得抬不起腰的时候，内心却依然萌动着一种梦想——教育在带来财富之外，一定还可以带领我们飞升到更高的人生境界吧？

面对当前的教育，我们有着上面两种典型的"病症"，一种如我这种普通家长，对应试教育发过的牢骚有一火车皮。另一种则如那位大学教授，用金钱置换了人生全部的意义，教育就变成实现这样一种异化了的价值观的工具。

我之所以能够和《新教育》产生深深的共鸣，是因为作为一个欠缺行动力的人在这本书里看到了一种果敢、坚韧的行动的力量，也是因为面对日益盛行的势利的、市侩的教育风气，在这本书里看到了一种久违的理想主义情怀。

一本好书不在于它的语言艰深，恰恰在于它能够用深入浅出的语言，以四两拨千斤的轻松姿态，那么轻轻地一拨，心头的灯芯就"忽"地被点亮了，你恍然大悟，原来换一个角度去看一件事情，原本走入死胡同的难题就有可能迎刃而解。这就是我读《新教育》的时候得到的启示——难道在现行的体制下，我们就找不到一点空间，来完善我们的教育，并在这种逐步的完善中慢慢摸索出另一条道路？"新"是否意味着就一定是把"旧"打倒在地，并踏上一只脚，从此一劳永逸？还是说"新"教育也可以在一项一项具体的哪怕是微小的改良中，一点一点占据"旧"教育的老巢？再说得明白一点，假如我们的目标是"新"教育，然而它竟然也能够在客观上带来"旧"教育想要的成果，一个在"新"教育理念下幸福成长的学生，到时候照样能够考上不错的大学，完成父母和社会主流价值对他的期待——甚至在这方面的结局比单单强调"旧"教育还要好？那新教育是不是就会获得一种自发的社会推动力，获得家长和学校更大的认可与尝试的热情？

朱永新先生在书中是这样说的："（新教育实验）每个具体的项目，都是针对现行教育中的某一缺失而采取的临时性补救措施。但如果新教育持久深入下去，那么最终我们将拥有一种'无名而本真的教育'，那一切项目，将回归整体的教育中而不复单独存在——尽管那些新加盟新教育的，可能还须把这些项目作为通道，逐渐地深入新教育。"这是我最赞赏新教育的一点，那就是它并非一个只能在实验室或者专家的教育论著里存活的"理论"，描绘的蓝图不是遥不可及的乌托邦，而是完全可以在现行的教育体制中普及的。《新教育》里的很多理念，即便在现有的教育体制和框架下，依然是可以开花结果的。这也是这本书让人感到贴心亲切的地方。

过一种幸福完整的教育生活

新教育究竟是什么？与我们现行教育相比，它究竟新在哪里？我想，它最大的特点就是去功利化。朱永新先生善于抓住事情的根本，只有从正确的源头出发，我们才能最终走到正确的道路上来。朱先生是个理想主义者，他主张的是一种"幸福而完整的教育生活"。他把培养完整的人作为教育的立足点。这是一个最根本的问题，立足点错了，本末倒置了，那么下再大的力气培养出的人都可能背离教育的初衷。在功利主义的教育理念里，教育培养出的不是完整的人，而是掌握很多技艺、为完成某种功利目的而存活的机器。

我们可以反思一下，孩子厌学，成绩不好，难道仅仅是高考造成的吗？如果我们一直暗示孩子，学习的目的就是考个好分数，学习自然将变成沉重的负担。但如果我们内心把学习当成孩子探寻未知的快乐之旅，也许他们会带着愉悦的心情去学习，焉知这种学习就一定考不了好分数呢？

我小时候就是个几乎次次考第一名的所谓好学生，但是说实话，我一点也没有培养起学习的热情，尤其是对数学的恐惧和厌恶，让我在上大学中文系之后，再也没有动过和数学有关的任何书籍。可是当我的女儿上了小学，我不得不辅导她数学的时候，当我重新面对这些知识的时候，当我不再把学习和分数联系在一起的时候，我发现了数学之美。我突然发现我是热爱数学的，但为什么在我最需要明白这一点的时候却没有办法体会到数学的魅力呢？同样，我女儿也开始厌恶数学，因为数学教师每星期都组织一次单元考试，每次考试后，分数低的学生都会被教师当着很多同学的面训斥，这真的是一个恶性循环。在这样的教学思路下,我们的下一代也在重新品尝着我们当年的苦涩。为什么教师不能把数学的魅力传递给学生呢——纵然最后的目的依然是想让他们取得高分,只需改变一下自己的教学模式和教学思维,而无关大的教育体制的改变,就可能带来意想不到的收获。"过一种幸福完整的教育生活",这是一个富有理想主义色彩的教育理念。《新教育》一书的价值正是让我们信服地看到,经过局部的改良,通过对一些细节的微调,就可以治愈一些看似积重难返的痼疾,达到看似遥不可及的高远目标。

理想需要落实在一个个细小的地方

实现一种理想,远比提出一种理想要复杂和艰辛得多。我们如何才能过上"幸福而完整的教育生活"?在《新教育》里,朱永新先生通过自己的思考和归纳,提出很多具体有效的措施。可以说,先生所张扬的一切,都是科学的,也是比较容易操作和实现的。

比如,新教育提出的"每月一事",很具体地规定"1月,让我们学会吃饭""2月,让我们不闯红灯"……一直到第12个月,每个月都强化和坚持去做一件事情,从而培养学生一生的好习惯。我们不要轻视这些细小的地方——传统教育就是太注重一些大而空的说教,而不注意从小处入手。

新教育还有自己的"六大行动":营造书香校园、师生共写随笔、聆听窗外声音、建设数码社区、培养卓越口才、构筑理想课堂。通过这些行动来充实和填满我们的教育生活,具体地改变我们的教育方式。

朱先生的新教育理念里还有重要的一条,就是对人的尊重。这种尊重涉及教育场中的每个人,包括教师、学生和家长。以往,我们总是把教师放在"牺牲者"和"奉献者"的位置上,把他们比喻成"蜡烛",比喻成"人梯",似乎他们的职责就是单方面的付出。然而,在新教育的理念里,教师也应该在教学中得到成长,获得实现自我价值的成就感。因此,让每个人都成为行为的主体,发挥自己的主动性,让学生在接受教育的过程中不是"受罪",而是"享受",

让教师在教学中不单单是"奉献",也有"收获",让家长不再认为教育只是学校和教师的事情,而是积极地参与到孩子的成长中来,并且能够运用科学的教育方法。

在新教育提出的所有举措中,我觉得朱先生最重视的就是阅读。他认为,"一个人的精神发育史就是他的阅读史。一个民族的精神境界取决于这个民族的阅读水平,一个没有阅读的学校永远不可能有真正的教育,一个书香充盈的城市才会是一个美丽的城市"。新教育实验把阅读作为基础工程,让阅读成为师生的一种生活方式。可是在浩如烟海的书籍中,我们又该读哪些书呢?朱先生一直梦想着制定书目,为小学生、中学生、大学生、公务员,为社会各个阶层的人量身定制一份书目。如今,他的梦想已经部分实现,为小学生定制的书目已经在2011年4月23日世界读书日这一天发布了。

未来是一个我们要创造的地方

事实上,我只见过朱永新先生三四次,且都是在研制"中国小学生基础阅读书目"的会议上。面对每年多达4万册的新版图书和古往今来卷帙浩繁的图书,要给全国小学生推荐一份30本基础书目和70本推荐书目的书单,真的有"老虎吃天,无从下口"的茫然感。很多时候,专家们会因争议太多,步伐无法向前迈进,这时候会听到朱先生说:"先做起来,先做起来。"他会制定一个详尽的时间表,无论有多难,事情总是在往前推进。这一点让我觉得朱先生这个人不喜欢坐而论道,他希望去做事情,做的过程是解决难题的过程。难题总是在实践中被逐一化解,而不可能在空谈中得到解决。

十年前,新教育还是朱先生心头的一个梦,十年后,这个梦想已经遍地开花,参与新教育实验的学校已经达到700多所。一个事业,从无到有,如同滚雪球般越滚越大,可最初总得有一个球,不管这个球有多小。梦想在心里形成一个稚嫩的小芽,然后开花结果,直至葱郁成林,这是一个多么艰辛、不可思议的过程,但是朱先生以其果敢的行动力实现了这一切。

据王林博士说，研制书目的启动资金是从朱先生的稿费中出的。"理想主义"和"行动"是在短短的相处中朱先生给我感受最深的两点。是的，一项大的工程——何况是民间工程——的推广，不可能只依靠一个正确的纲领，推动它的还有领导者的个人魅力。

新教育是一个开放的实验，具有实践的品格，新教育人总是在实践中检验理论的成败，不断完善自己的体系和理论。它的品性是谦卑的，如同大海，愿意容纳在行动中发现任何有价值的贡献。我想，正是这种可操作性以及行动的和开放的品格能够保证新教育是一种可持续发展的教育实验。并且，因为新教育充满理想主义色彩的终极理念，保证了它是在朝着令人向往的方向发展。我们可以不懂什么是"应试教育"，什么是"素质教育"，可以不懂很多艰深的理论，但是如果从《新教育》中明了我们究竟需要什么样的教育，通过什么样的手段能够收获想要的教育成果，人人都可以去努力，去创造。

朱先生在书中引用澳大利亚未来研究委员会主席埃利雅德博士的话说："未来不是一个我们要去的地方，而是一个我们要创造的地方。通向它的道路不是人找到的，而是人走出来的。走出这条路的过程既改变着走着路的人，又改变着目的地本身。"《新教育》让我们看到，新教育是和我们每个人息息相关的，阅读《新教育》不是终点，而是起点，是参与新教育的起点。

（原刊于《中华读书报》2012年3月，作者李东华）

新教育实验利于弘扬传统文化

以唤醒教师改变校园、民间方式推动教改、有效推动国民阅读为核心特征的新教育实验，历经14年，走入全国所有省份，柔性改善了2224所学校、49个实验区的教育品质。

新教育实验改变教师理念，助推全民阅读

河南省孟州市育新小学教师党玲芬班上的脑瘫学生李鹏飞严重自卑。党玲芬带他共读《特别的女生萨哈拉》，找到生命成长的镜像，他在共读笔记上写下"虽然我腿有残疾，但我是有思想的，我可以阅读，可以写作，自食其力，给家人减轻负担……"就这样，李鹏飞慢慢地变得自信、开朗起来。

党玲芬说："我在33岁、工作第14个年头时，知道了中国民主促进会中央委员会副主席、第十二届全国政协副秘书长、中国教育学会副会长朱永新发起的新教育实验，开始正式规划自己的专业人生。"党玲芬介绍，多年来，她坚持每天专业阅读不少于2000字，写博客不少于1000字，评注教材精读课文，每月上一节阅读推荐课。6年过去，党玲芬每年的专业阅读近百万字。同时，撰写教学反思、教育随笔、教育案例，不仅改变了自己，也帮助学生摘掉了应试教育的枷锁，插上生命成长的翅膀。

"共读、共写、共同生活"是新教育实验的核心观点之一。像党玲芬这样坚持阅读、写作、实践的"新教育老师"在全国有近20万,他们通过教育在线网站学习、研究并相互交流,实践新教育理念,成为新教育的追随者和实践者。

教育在线网站由朱永新在2002年6月自费创办,目前注册教师超过40万人。从2005年开始,《中国教育报》评选的全国推动阅读十大年度人物,几乎都有"新教育老师"入围上榜。

朱永新认为,一个民族的精神境界取决于这个民族的阅读水平。阅读课程是新教育实验的核心课程之一,"营造书香校园"居新教育实验的"十大行动"之首。无论是"毛虫与蝴蝶"的儿童阶梯阅读,还是"晨诵、午读、暮省"的新教育儿童生活方式,都帮助施行新教育实验的学校培养了众多爱好阅读的学生。

幸福教育公益推行,民间实验塑造教育新貌

北京师范大学教授、中国教育科学研究院(原称中央教育科学研究所)原所长朱小蔓说,新教育实验可以说是目前中国颇具规模、能量和号召力的教育实验。记者采访了解到,这项教育实验的草根性和公益色彩明显,得到了家长支持和地方教育部门认可。

"新教育实验是迄今为止我们所看到的最具实践性、操作性、具有强大生命力的素质教育的践行方式,也是我们一直在寻找而没能找到的一种卓有成效的推进素质教育的途径。"河南焦作市教育局原局长张丙辰说。经过研究论证,2007年,焦作市将新教育实验作为素质教育的重要突破口和有效载体。焦作教育局局长虽已两番更替,但焦作依然是新教育实验区。

目前,新教育实验已走入全国所有省份,共有2224所新教育实验学校和49个新教育实验区,学生规模达200万名,成为提升教育质量、更新教师理念、实现教育大发展的重要途径。

2007年,新教育实验开始用成熟的非营利专业组织的方式运作。新教育理事会、新教育研究中心、新教育研究院、江苏昌明教育基金会、新阅读研究所、

新父母研究所等相继成立运营，专业化程度越来越高。同时，新教育共同体对各项课程的研发、推广与实践，也使教育理想落到教育实践的实处，学校、教师和学生得到更多滋养，获得更多幸福感。

2011年起，作家童喜喜成为新教育实验的"专职义工"，捐赠稿费组建团队，带领全国300多位志愿者在40个城市，面向学生、教师、家长做了1000余场各类阅读推广公益活动。新教育的公益性与教育本质的公益性契合，使得这项教育实验的影响越来越大，获得众多家长的支持。

回归国民教育本真，柔性推动教育改革

中国人民大学教育学院教授程方平说，新教育实验不仅是先进理念与实践的结合、与师生实际的结合，更是教育理想从书斋走向现实的成功产物。中国教育学会原副会长、江苏情境教育研究所所长李吉林说，新教育实验在某种程度上是解放学生、解放教师的教育。

着力教师成长这个"人"的内核，新教育实验找到教育发展的柔性之道。它一开始就把教师的专业发展作为实验的出发点。朱永新认为，教育内涵的发展核心是教师，必须让教师在工作中找到意义，在专业发展中获得职业幸福感，"否则，下一步以考试招生制度改革为龙头的教育改革就难以取得成功"。

新教育实验逐渐摸索出一条"专业阅读+专业写作+专业发展共同体"的教师专业发展的"三专"模式。新教育网络师范学院教务长魏智渊告诉记者："除了和学生共读经典、童书，教师也会在一起共读教育学、哲学等经典著作。有教研组的共读、学校的共读和自愿的共读。在巨人的肩膀上，我们可以看得更远；以书为垫脚石，我们可以攀得更高。"

华严集团董事局主席徐锋表示，中国目前的教育方式弱化了学生与中国优秀传统文化的关联，远远不能适应促进社会文化发展和民族复兴的需要。新教育实验通过行动，正在让中国数千年的传统文化得以"回归"和"修复"。

（原刊于《新华内参选编》2014年10月第41期，作者鹿钟建）

为基层教育实验点赞

当前,我国基础教育正站在加大改革力度、改进依法治理、提升内涵品质这一新的历史起点上。在这一时代背景下,新教育实验缔造完美教室叙事研讨会的召开,踩准了基础教育的时代节奏,跟上了基础教育的发展变化,是一次很好的会议。

十多年来,新教育实验在朱永新教授的带领下,取得了丰硕成果,产生了良好的社会效益,为我国教育事业做出了应有贡献,也因此成为推动中国教育事业发展的一支重要民间力量。本次会议既是推广民间优秀教育改革经验的一次契机,也是中国教育事业发展的一个缩影。它不仅真实反映了新教育实验15年来在缔造完美教室中的实践,而且也为教育教学实践中的难题提供了一个可行的解决方案,推动着基础教育不断前行。新教育实验的成功经验,为国家制定教育政策,提供了最有益、最宝贵的积累。

关心基层实验者

教师的专业水平决定了教育教学的质量。本次研讨会上的9位讲述教师,结合亲身经历,采用叙事手法,饱含思想感情,讲得生动有趣,有内容,有细节,有深度,有创新,我深受感染,深受启发,深受教育。从9位教师叙事的总体效果来看，每一位有每一位的精彩。总体而论，教师的教育教学，理念新颖，方法独特，内容丰富，效果显著。在平凡而又普通的工作岗位上，教师自觉探索运用新教育的理论，把生命叙事理论与缔造完美教室创造性地有机结合起来，并把发生在缔造完美教室过程中师生共同成长的故事，用叙事的手段予以呈现出来，进一步丰富了教育形态。事实上，讲故事是广义教育的最初形态之一。具体来说，教师关心学生，理解学生，尊重学生，从每个学生入手，从每个班入手，从薄弱环节入手，把学生作为学习的主体，不断研究学生发展规律，带领学生一起全面发展，注重学生品德养成。同时，还积极通过班主任工作和课程，调动所有学生，引领学生打通走向外部世界的通道，促进他们全面发展和健康成长，真正发挥了立德树人的作用。

很多教师工作在农村或边远地区，条件比较艰苦。他们代表着我国1069.5万中小学专任教师的形象，学为人师，行为世范，扎根基层，默默奉献，是党和人民、家长值得信赖的一支队伍。希望基层教师进一步完善专业素养，按照"四有"好老师要求，为国家的教育事业作出更大的贡献。希望各地教育部门为基层教师的教育实验、教书育人、建功立业、专业成长、幸福生活提供切实保障和周到服务。

关注基层实验者

总体上看，各位教师都干得很好、讲得很好，我为他们点赞。概括起来，我认为，他们在缔造完美教室方面的探索，有以下四个共同特征值得关注。

第一，关注了学生生命存在。学生不仅是学习知识的认知体，更是有血有肉的生命体。基础教育要关心人，尊重人，理解人，促进学生的健康成长和全面发展。古人说，"圣贤施教各因材，小以小成，大以人大成"。学生特点不一，因材施教，在新教育实验中得到充分关注，我非常赞赏。今后要更加注意因材施教，关心每位学生的成长、成人、成才，一把钥匙开一把锁。

第二，关注了学生学习兴趣。兴趣是最好的老师。"知之者不如好之者，好之者不如乐之者。"教师不用强迫的方式让学生机械重复、反复训练、加班加点，也不利用节假日、双休日组织学生集体补课，而是把"要他学"变成"他要学"，真正激发了学习兴趣。调动了学习兴趣的课堂，才真正可能让师生过上幸福完整的教育生活。

第三，关注了师生共同成长。"学然后知不足，教然后知困。知不足然后能自反也，知困然后能自强也。"在新教育实验里，教师不再是高高在上，而是平等地帮助学生发展。9位教师的叙事无一例外，都体现了教学相长，与学生互动，师生共同在学习中得到了提高。

第四，关注了教室内外衔接。表象上看是在说完美教室，实际上并不封闭。在新教育的视野里，教室是无限开放的。教师常常是把学生带到教室外，与家长、社会互动，或与外面的一些教师、教育工作者互动。这有利于学生眼界的扩宽、知识的增加、能力的提升，较好地体现了完美教室的理念。

支持基层实验者

自2000年开始至今，新教育实验团队已遍及我国大部分省市，积累了丰富经验，创造了很多好的方法，而且还凝练出比较深邃的可操作、可复制、可推广、可持续的行动指南，我们找不出理由不去支持新教育实验。真正的英雄来自基层，真正的智慧来自民间。袁贵仁深刻地指出，坐在北京西单大木仓胡同教育部的办公楼里，我们的工作人员想不出比基层同志更高明的主意。教育部的主要工作之一就是要善于发现典型，甄别典型，培育典型，推广典型。

下一步，推广新教育实验成果以及我国其他丰富多彩的教改经验是我们的任务。我想，只要符合四个标准的经验都应该让大家分享。

第一，富有改革精神。我们的时代是改革的时代，教育改革优先于其他社会领域的改革，教育的现代化要早于全国现代化的实现。在教育改革方面，不能总是"不行、不行、还不行"，而应该是"可以、可以、也可以"，或者是"探索、探索、再探索"。要让基层的创新实践得到保护，让学校的创新活水充分涌流。

第二，符合法治精神。党的十八届四中全会号召建设法治中国，教育部门要以法治精神服务基层，治理教育。在公权力运用方面，要做到法有授权必须为，保证教育经费"三个增长"，提供良好的教书育人的环境，推进现代学校制度，促进教师的待遇改善和专业成长。还要做好学校安全保卫工作，特别是要为每所学校配备专职保安。同时，做到法无授权不可为，真正落实学校办学自主权，避免过多干预学校依法开展的日常具体管理和教育教学行为。

第三，贯彻教育方针。贯彻党的教育方针，核心是要推进实施素质教育，促进学生德智体美劳全面发展。在德育方面，把爱国、敬业、诚信、友善、自由、平等、公平、法治、富强、民主、文明、和谐24个字，校校上墙入屏，生生牢记于心，成为自觉行动。还要把中华优秀传统美德通过恰如其分的方式转化为学生的内心体验，继而再转化为道德行为，引导学生养成好习惯。在智育方面，要突出课堂教学，关注完美教室。局长、校长、督学、教研员都应走进教室，回应教师关切，回答学生诉求。教学有法，但无定法，贵在得法，要选用合适的方法引导教育人，改进教育手段，科学运用信息化媒体和其他现代教学手段，呈现给学生具有直观性和启发性的教学材料。另外，在智育方面，还要注意减轻学生负担，不要过分宣传"不让孩子输在起跑线上"的观念。实际上，人的成长犹如长跑，起步的快慢并不决定一生的成功。家庭教育要跟上，所谓的"虎妈""狼爸"现象不可取。在体育方面，要让学生每天锻炼一小时，健康工作50年，幸福生活一辈子，当前尤其要防止近视，大力推广校园足球。在美育方面，要让学生具有初步的感受美、欣赏美、表现美、创造美的意识与能力。中学毕业的时候，每个学生要能演奏一两种乐器，而不仅仅是哼唱"小苹果"。在劳动教育方面，要让学生出点力，流点汗，甚至经风雨见世面。2015年，教育部将研究提出加强中小学劳动教育的意见，就是让学生多参与社会实践，从事社会实践，走出校门，像蒲公英花絮那样飞向天空，扑向大地。我赞成"蒲公英"的比喻，为什么不是牡丹，因为牡丹太艳，为什么不是昙花，因为昙花太短。

第四，提升特色品质。义务教育均衡发展是要办好每一所学校，促进每一个学生的发展，让他们在蓝天下共同成长进步。另外，内涵发展要强调，特色发展要体现，不要把所有的学校办成一个模子。每个学校都应该尽量办出特色，提升品质，唯有这样的实验才具生命力，才更具可持续性。

（原刊于《人民教育》2015年第6期，作者王定华）

新教育实验：像农夫一样守望教育的田野

新教育的"飓风"

"曾经以为，教室就是一首独奏曲，我是演奏者，学生恭敬地聆听，被我指导着演奏。现在我认为，教室是一首交响乐，我和学生彼此独奏，也为对方伴奏，学生因此学会演奏，而我也得到了新的成长。"在不久前举行的新教育缔造完美教室论坛上，57岁的小学教师郭明晓如是说。

郭明晓是四川省宜宾市的一位小学教师，被新教育同仁称为"飓风大姐"。本打算退休后安享晚年的她，没想到自己的人生因新教育而兴起一场"飓风"，来了一个不可思议的180度"大转弯"。

7年前，步入"知天命"之年的郭明晓似乎已经达到她职业生涯的顶峰。作为一名小学教师，她得到许多令人艳羡的职称和荣誉：中高级职称、省政府教学成果奖……

"有学生的崇拜，有领导的信任，我完全可以凭借这些花环轻松度过最后5年的教学时光。"郭明晓说。彼时，她在学校担任教导主任，兼一个班的教学工作，每周只有几节课，每天上午教学，下午处理教务，傍晚游泳，悠闲自在。

在当时的郭明晓看来，自己过得简直是神仙般的日子，人生已接近完美，夫复何求。

当时她并没有意识到，自己这种悠闲自在的生活，其实是另一种职业倦怠。

这种平静悠闲的日子被一个偶然事件彻底改变。2008年11月，郭明晓到成都参加新教育举办的儿童阅读培训。特级教师常丽华展示的古诗课程"在农历的天空下"，几乎给了她"毁灭性打击"。

当全场听众一起朗诵诗歌时，郭明晓却因从未听闻这些诗歌而茫然无措。就在那一刻，她深深地意识到自己学识的贫乏。

这次难忘的经历让郭明晓"由震撼而猛然觉醒"。从此，她"纵身一跃，跳进了新教育"，开始了一次异彩纷呈的全新旅程。

多年来，郭明晓尝试开展新教育理想课堂实验，实施了晨诵课程、生命叙事剧课程、传统节日课程等。她带领学生晨诵儿歌、儿童诗、古诗等近千首，阅读绘本近200本，排演大型生命叙事剧6部14台，和学生一起徜徉、流连于泰戈尔、狄金森、纪伯伦等名家的精神世界……

郭明晓说，在过去几十年的职业生涯中，她对教育没有找到真正的感觉。参与新教育实验后，她才懂得什么是教育。

新教育的另一员干将，河南省焦作市教研室主任张硕果的经历与郭明晓有些相似。本已"功成名就"的他们，加入新教育短短几年，发生了脱胎换骨的变化。"这种变化是静悄悄的，却震撼人心。"张硕果说。

像郭明晓和张硕果这样的教师，在新教育团队中还有许多。对于许多中小学教师来说，新教育就像一场飓风，扫除了他们陈旧的教育观念，改变了他们的职业生涯，乃至整个生命状态。

新教育实验发起人、中国教育学会副会长朱永新将这些参与新教育实验的一线教师称为"教育的觉醒者"："因为觉醒，而理性地燃烧着激情，孜孜以求地探索，是这些教师共同的特点。"

"他们不一定是中国最优秀的教师，甚至不一定是新教育实验学校中最优秀的教师，有些教师可能还有着明显的缺点。但是，他们是真实的，他们在路上。"朱永新说。

唤醒教师，从阅读开始

曾经做过小学教师的美国儿童心理学家哈伊姆·吉诺特说过这样一段话："我得出了一个令人惶恐的结论：教学的成功与失败，我是决定性的因素。我个人采用的方式和每天的情绪是造成学习气氛和情境的主因。身为教师，我具有极大的力量，能够让孩子们活得愉快或悲惨……"

根据自己的从教经验，吉诺特认为，在教育教学中，教师是最关键的因素，对学生的学习和生活有着决定性影响。朱永新对此高度认同，"教师是一个冒险的甚至危险的职业，因为伟人和罪人都有可能在他的手上形成"。

在朱永新看来，教育成败得失的关键在于教师的专业素养。因此，新教育把教师的成长和专业发展作为教育改革的逻辑起点。"只有改变教师，才能改变学生。教师成长了，学生自然就会成长。"

"理想总是美好的，但是如何让理想落地生根，变为现实，关键在人。尤其是在教育技术和装备不断改善的今天，站在讲台上的那个人，才是关键中的关键。"张硕果认为，长期以来，教师的重要性常常被低估。"一些教室开始沦为知识的交换地，沦为考试机器的训练场。因此，新教育实验以教师的专业发展为起点，围绕着师生的生命成长展开。"

教师专业发展的一个重要基础是阅读。"一个人的阅读史就是他的精神发育史。"朱永新经常对教师强调阅读的重要性。

因此，新教育主张教师要多读书，特别是要多读经典，与过去的教育家对话。他们认为，这是教师成长的基本条件，是教师教育思想形成和发展的基础。

"成长从阅读开始。我知道要改变自己，要不断成长，唯有阅读。"郭明晓说，她的成长是从阅读开始的。

2009年是最值得郭明晓骄傲的一年。那一年，她读了大量的儿歌和童话，以及童话理论与心理学著作，中断多年的阅读生活续接起来。"我希望用飓风一般的威力，扫除自己生命中所有陈旧的东西，让自己不断学习，追求幸福完整的教育生活。"

对于新教育，郭明晓充满感激。通过阅读，新教育不仅改变了她的职业状态，更唤醒了她的生命激情。

对于"唤醒"这个词的含义，许多参加新教育的教师有自己的体验和理解。

"教育是相互唤醒。通过教师的教，唤醒学生心灵中的希望之火。通过学生们的成长，唤醒教师心中的教育之火。通过孩子们之间相互的期望，他们彼此共同成长。"参加论坛的"长江学者"、北京师范大学教育学部部长石中英说："教育唤醒的不只是学生，我们所有人的生命，我们这个社会的生命，都在教育的世界里被唤醒了。"

在朱永新看来，新教育的这种唤醒是一次新的复活。"我们的创新并非为了标新立异而创造，新教育人一直说，当某个旧的、好的理念被人忘却时，我们将它唤醒，甚至让它在我们生命中活出来，这种复苏与传承，已经是生命的一次更新。"

完美教室：指向幸福

最近几年，新教育开始致力于"缔造完美教室"。

在张硕果看来，教室是教师最重要的舞台，它检验着教师的专业素养和教育智慧。

"谁站在教室里，谁就决定着新教育的品质，甚至决定了学生的命运。"对于什么是完美教室，朱永新作过这样的描述："生活于同一间教室里的人，应该是一群有着共同的梦想，遵守能够实现那个共同梦想的卓越标准的同志者。他们应该为彼此祝福，彼此作出承诺，共同创造一个完美的教室，共同书写一段生命的传奇。"

在特级教师、成都武侯实验中学校长李镇西看来，新教育倡导完美教室，其意义远不只是"追求优秀"。"优秀班级更多的是外在的评价，比如流动红旗得了多少，奖状有多少，期末年终奖有多少。而完美教室是内在的追求，它比一般的优秀班集体多了一份自觉的文化追求，一份诗意的营造，一种浪漫的生活。这是普通意义的优秀班级所不具备的。"

"完美教室指向的是幸福，指向的是生命。"李镇西说，"完美教室最根本的是带给学生和教师精彩的、富有诗意的生活……新教育能使我们的人生获得幸福，让我们更美丽。"

朱永新用三个短语表达了完美教室的三个特征。

第一个短语是"汇聚美好事物"。"应该是把最美好的东西带到学校。学校应该成为汇聚伟大事物的中心，教师应该把人类最美好的东西放在教室里，让学生与它相遇。"

第二个是"呵护每个生命"。"完美教室应该是生命的绽放，所有的学生、所有的生命都不能被忽略。教室里不应该有被遗忘的角落，教室里每个生命都应该得到特别的关注和重视。"

第三个是"擦亮每个日子"。"每一天你都用心把它擦亮，每一天我们都让学生过得很充实。如果每一天我们都能够问心无愧，如果让每一天都成为学生生命中难忘的一天，我相信这就是完美教室。"

"完美教室在路上，我们要不断地前行。所以，在缔造完美教室的过程中，我们要让自己的人生更完美，也让我们自己的生活更美好。"朱永新说，"一位教师一旦懂得了教育，懂得了学生，懂得了教室，我相信他的能量就像飓风一样。"

新教育，"新"在哪里

"我们的教育应该真做教育和做真的教育，新教育实验本身就立足于做这种真的教育和真做教育。"参加论坛的国家教育咨询委员会委员、国家总督学顾问陶西平说，新教育实验推动了中国教育的行动研究。

十年前，陶西平就把新教育实验比作"鲶鱼效应"，预言它会在中国教育的这片水中掀起波澜。

如今，新教育的确已经产生这样的效应。2000年，新教育从一个人的念想开始启航，到今年已经走过十数年的历程，从江南古城苏州发轫，一步步成长壮大，走向大江南北、长城内外。今天，新教育已遍布全国大多数省份，有49

个实验区、2200多所学校、200多万师生参加了新教育实验。

任苏州市副市长期间，朱永新并没有以行政力量推行新教育。他明白，作为一种新生的教育改革，不能以外力强加推行，必须依靠其自身的魅力来吸引人自觉加入。

如今，随着新教育的影响日益扩大，越来越多的地方教育行政部门开始认同新教育理念，并主动推广新教育。行政力量的参与在新教育的快速推广和普及上起了很大的作用。如今，朱永新认为，自下而上和自上而下的结合，才是推广新教育最有效的方式。

2014年11月，在多哈举办的"世界教育创新奖"评选中，新教育实验从全世界1000多个申报项目中脱颖而出，入围15强，这是中国唯一入围该奖的项目。

"这些都是额外的奖赏。我们对自己的期望，是像农夫一样守着教育的田野，无论在怎样的天气里，都勤奋地劳作。"朱永新说。

"新教育的'新'到底'新'在什么地方？不是不要旧的，完全搞一个新的。我觉得应该是把旧的精华汲取了，糟粕剔除了，吸收时代的元素，创造新的教育。所以不是除旧布新的'新'，而是推陈出新的'新'。"陶西平说，"这样的新教育就是要解决问题，能够有一些创造。"

"真正的英雄来自基层。"教育部基础教育一司司长王定华认为，新教育已经积累了丰富经验，创造了许多好的做法，而且还凝练出可操作、可复制、可推广、可持续的行动指南。

"新教育是一个不断生成的过程。它不是一个框架、一个理念。我们在行走的过程中不断创造，不断汇聚，不断生成。"朱永新说。

在一份报告里，朱永新对新教育的未来作了如此描画："新教育的彼岸是什么模样呢？应该是一群又一群长大的孩子，在他们身上我们清晰地看到，政治是有理想的，财富是有汗水的，科学是有人性的，享乐是有道德的。"

（原刊于《中国教育报》2015年6月6日，作者翟晋玉）

突破关键因子,闪耀素质教育之光
——我眼中的新教育实验

作为以理想主义和田野行动为主要特征的新教育实验,在高举理想主义的大旗、唤醒教师的生命激情和教育梦想的同时,特别强调田野意识与行动精神。这样的田野意识、行动精神,是有"田野设计"与行动框架支撑的:有营造书香校园、师生共写随笔、聆听窗外声音、构筑理想课堂、研发卓越课程、缔造完美教室、家校合作共育等"十大行动",以及晨诵、午读、暮省的生活方式等,还分别就艺术教育、科学教育、生命教育等做专题研究。

新教育实验以专题的方式作为行动的主题,一个个专题即一个个行动;专题与专题、行动与行动之间相互衔接、相互促进与推动,形成行动链条,让计划逐个落实。这一行动链中有几个重点,形成了突破点,演绎为生长点,进而成为行动的动力源,推动了新教育的深入发展,成为影响素质教育的几个关键因子。

关键因子之一:营造书香校园

新教育创生了"书香校园"概念,倡导"营造书香校园"。新教育的阅读理念、推进机制、营造方式以及研究、实验的品质,不仅在实验地区和学校得以落实、体现,而且产生了辐射作用,影响了一大批学校。

朱永新有着自己独特的阅读理念。"一个人的精神发育史就是他的阅读史。""一个民族的精神境界取决于这个民族的阅读水平。"他的这两句话已成为当下中国阅读活动的核心概念和主流话语，让阅读站到个人精神成长以及民族精神培育的战略高度。至于社会，朱永新将城市的精神、气质和品格与阅读联系起来，确定了"人人溢书香""处处有书香""时时闻书香""好书飘书香"四个书香社会的标志，他认为，书店应该成为一个城市的风景线，图书馆应该成为一个城市的精神客厅。新教育的阅读方案影响了城市的气质和文化品位。至于学校，朱永新认为："一个没有阅读的学校永远不可能有真正的教育。"他认为，当教师自身拥有阅读兴趣、阅读能力、阅读习惯的时候，教育就不用发愁了，因为我们拥有了一双飞翔的翅膀。的确是这样，阅读本身就是教育，既是教育的内容、教育的方式，更是教育的根基和境界。从国家到城市再到学校，新教育建构了阅读理念体系，改变了陈旧的观念和行为偏差：素质教育就是唱唱跳跳；告诉人们：素质教育需要唱唱跳跳，也需要读读写写，而且读读写写是素质教育的核心内容。

新教育推进机制和营造书香校园的方式极有创意，逐步建构了自己的方法论。阅读推进的策略主要是共读、共写、共同生活。显然，只有当阅读成为一种生活方式的时候，阅读才会成为一种习惯。亲子共读，让父母和孩子之间有了共同的语言与密码。共同的阅读、共同的情感、共同的价值观、共同的愿景，点燃了共同的生活和生命。这种具有哲学、美学深度的阅读推进方式与机制让阅读成了一种享受。

关键因子之二：缔造完美教室

朱永新有个比喻："教室就是一根扁担，一头挑着课程，一头挑着生命。"生动而深刻的比喻，不仅道明课程的价值意义，而且阐明教室的地位以及由此产生的使命与责任。无论是课程还是教学，无论是理念还是具体要求，都发生在教室里。扁担是种工具，也是一个支点。工具与支点都可以撬动，但工具撬动的是教学改革，而支点可以撬动整个地球。在一个偌大的教育改革系统中，新教育实验把缔造完美教室当作关键因子，既是对现实状况的反思与判断，也是理论上的深思与选择。

新教育实验的教师这样诠释教室："教室是我们的愿景，是我们想要到达的地方，是决定每一个生命故事是平庸还是精彩的舞台，是我们共同穿越的所有课程的综合，它包含了我们论及教育时所能想到的一切，我们就是要守住一间教室，让生命在教室里开花。"素质教育应该发生在课外，也应该发生在教室，如果教室里没有真正发生素质教育，课外的素质教育也不可能真正发生。教室的完美，其实是教育的完美。

新教育力图解决"挑扁担的人"，即教师与学生的问题。教师与学生都是"挑扁担的人"，其中最为关键的仍然是教师。对于挑扁担的教师，新教育将核心置于创造性的认可与开发上。于是，在教室里，诞生了新教育的独特语言密码："毛虫与蝴蝶""犟龟""相信种子""相信岁月"……当教师的创造性被激发出来的时候，"扁担"才会被挑起来。学生是不是挑扁担的人，确实是个问题，但新教育正在破解它。破解的关键词是：决定一间教室的，不是教室的好坏，而是谁站在教室里。教师要关注教室里的每一个学生，守住属于每一个学生的日子。教师挑起扁担的最终目的，还是让学生挑起扁担，学生挑起了扁担，挑起了教室，便挑起了世界和未来。

关键因子之三：建设新父母学校

"教育，从家庭开始"，这是新教育的主张。朱永新认为：所有人的人生远航，都是从家庭港湾开始的，家庭是真正的人诞生的摇篮。现实状况是，"家庭是最容易出错的地方""父母是容易犯错的人""阅读是最容易被忽视的事情"。如果囿于学校而不改变家庭，教育最终也不能成功。新教育有足够的勇气，有开阔的视野，有强烈的社会责任感，为此，它做了整体设计，并全面实施。家长学校、家庭教育、学校合育，都在设计中有了安排，有了长足的进展和突破。

值得关注的是，新教育将这些思考与安排聚焦于一种教育形态：新父母学校。

朱永新不赞成用"家长"概念，而代之以"父母"，要让父母站在教育的角度，在概念上实现平等。在这一前提下，新教育的新父母学校有许多创新。比如，责任明晰。"养不教，父之过"，不能将父母育子、教子的责任全部推给学校，不应存在家庭与学校所谓的"责任转移"，家校合育在责任上虽有分割，却应当共同担责。又如，确立共同成长理念。新教育认为，"只有和孩子一起成长，父母才是真正的父母"，才是"新父母"，而不是"同一个屋檐下的陌生人"。一起成长，进一步从理念上营造平等、和谐、民主的家庭氛围，从教育者转向成长者，在共同成长中诞生新父母、新家庭教育、新教育。再如，寻找教育的密码。"童年时代，一天犹如一年……要进入童年这个神秘之宫的门，就必须在某种程度上变成一个孩子。只有在这种情况下，孩子们才不会把您当成一个偶然闯进他们童话世界的人。"朱永新转引苏霍姆林斯基的话，期望父母成为这个掌握密码钥匙的人。最后，赠送孩子最幸福的礼物。这礼物就是那些最伟大、最美好的图书，用图书滋养孩子的心灵，也滋养父母的人性与人格。

不只是以上三个关键因子，新教育的一系列关键因子和系列行动，让教育的理想主义扎扎实实地落在大地上，让素质教育在整体推进中有突破，在突破中整体向前，一直闪耀着素质教育之光。

（原刊于《中国教育报》2018年9月13日，作者成尚荣）

第六章

风物长宜放眼量
——新教育永远在路上

导读：

本章主要收入媒体关于社会"质询"新教育实验以及未来发展等的文章。

以2000年《我的教育理想》发表为标志，新教育实验开启了崭新的历史征程。18年的坚持探索，有风雨，也有艰辛；有坎坷，也有收获；有鲜花，也有悲壮，这是一条既不简单，也不容易，更不平常的教育改革探索道路。特别是在"凡事都要质问动机"这一标准的所谓"中国式逻辑"以及"新教育实验到底能走多远，能够改变应试教育"这一"中国功利论"面前，新教育实验作为一个新生事物，毫无疑问受到社会以及公众的质问。历史地看，任何一个新生事物的成长，都不可能是一帆风顺的，它必然要经过社会的磨砺、时代的淬炼，方可获得接纳。新教育实验作为一个开放的、透明的、草根的共同体，它自始至终不但不排斥来自社会的质问，相反更欢迎社会以及公众的质问。在新教育实验共同体内，有更多社会看不见的自我反思和清晰认识。新教育实验发起人朱永新教授，就是一个特别注重反思的人。他说："只有回头看，才能往前走。"所以，时至今日，我们看到新教育实验的壮丽画卷正徐徐展开，理想的版图已经拼就：由原来的1所实验学校发展到现在的4000余所实验学校，由1个实验区发展到现在的124个实验区，由几十位师生发展到现在的360余万师生。不难看出，这些数据的背后是社会的高度认可、家长的由衷信任、学生的真我选择、教师的衷心追随、新教育实验人坦荡的教育情怀。新教育不但经受住了时间的考验，而且很好地回应了社会的质问。

在所有这些社会质问中，最根本的问题是新教育实验究竟能走多远。可能我们任何人也无法给出准确的答案。因为只有时间、历史本身，才能做出裁决。

如果就其形式和名称而言，或许随着时间的推移，会有一些改变；但就教育实验的精神本质而言，它永远不会改变。因为它已经渗透到教育事业的本质方面，即教育是为了一切人，为了人的一切。从这一点上讲，只要是美好的事物，就必然永存。正如朱永新教授指出的，"新教育永远在路上"。只要在路上，就永远前行。只要行动就有收获，只有坚持才有奇迹。

新教育实验能走多远

在我们为政府启动德育行动喝彩的同时,有一群人更有百般滋味在心头。早在两年前,他们便已经在民间启动一场所谓的新教育实验,在苏州点燃星星之火,现今已蔓延到中国的半壁江山。这些以中小学教育工作者为主的理想主义者试图从源头救赎中国的教育。有教育界人士称,倘若新教育实验经得住时间和空间的考验,将有望在另外一重意义上成为继"希望工程"之后的"新希望工程"。

作为新教育实验的倡导者,朱永新先生有着两重特殊身份。他既是苏州大学教授、博士生导师,又是苏州市分管教育和文化的副市长。耐人寻味的是,身兼全国政协常委和苏州市副市长的朱永新并未动用自身的资源,而是选择借助民间力量做课题的方式来推进他的新教育实验。

还教育本来面目

将来:新教育实验是在什么样的背景下出台的?

朱永新:一是有感于学生的生存状态:现在的学生太苦了。每天起得最早、睡得最晚的是他们,心理负担最重的也是他们,他们甚至连宣泄的渠道都没有。一个从小没有快乐的学生,长大了一生都蒙受阴影。二是要解放教师。那种重分数的应试教育,不但造就了苦学生,也让教师深受其苦。三是要解决人文精神的丧失问题。这么多年来,应试教育的危害如同片面追求GDP,经济领域以牺牲环境为代价,教育领域以牺牲学生和教师的发展为代价。成绩的标志是数理至上,学生从小学开始就埋头"奥数",学的大部分东西却是将来没有用的。作为"人"而存在的技能,如沟通、表达、交往、合作等要素在教育中却没有地位。于是,教育只是作为工具而存在,丧失教育的本来面目:让人活得更有尊严,并走向崇高。四是包含了我的一个教育理想——打造中国教育的"苏州学派",探索教育讨论和争鸣之路,唤起社会对教育的重视。

将来:是否有人说您太理想主义了?您的教育理想和如今庞大而坚固的应试教育其实是两个相对立的体系。

朱永新:如果我只是个学者,你可以说我是理想主义者,但我同时是个官员,也是个现实主义者。我们在一个一个地动员学校,务实地实践我们的教育理想。我从2000年就开始寻找切入点,这有一个整理和提升的过程,后来有了教育在线网站,它为新教育实验提供了很好的平台。它开办不到两年,就有了200多万的总访问量。

我痛感于人文精神淡出教育,决意"复兴"100年前就发轫于欧洲的以"人的教育"为本的新教育实验。于是,从2002年开始,教育在线的论坛上频频出现署名"朱永新"的帖子。开始以一个普通网民的身份发表自己的教育理念,身体力行地召集网上热衷教育改革的教育工作者,勇气和做法颇有点"愚公"的做派。新教育实验的参与者吴江市教育局教科室的张菊荣、吴江梅堰实验小学的孙惠芳都被我以私人的名义召去参加网民聚会,商讨新教育实验大计。"听说副市长要请我们吃饭,当时的感觉非常奇怪,还以为是个玩笑,"张老师和孙老师回忆说。这当然不是玩笑,那次非正式的网民聚会确实从此改变了他们的生活状态。

塑造"理想的人"

将来：新教育实验的特别之处在于塑造"理想的人"，进行人文塑造和自信培养。在具体做法上，如何来体现这种培养呢？

朱永新：核心理念是"为了一切的人，为了人的一切"，目标是"追求理想，超越自我"，价值取向是"只要行动，就有收获"。相信教师和学生无限的潜力，教给学生一生有用的东西，重视精神状态，创造成功体验。

具体做法有六个方面：

一是营造书香校园。一个人的教育发展史就是一个人的阅读史，人类的智慧和文明只有书籍可以保存和传承。过去的教育很少将读书的重要性上升到这个高度。现在我们请专家拟定100本必读书，师生一起用6年时间读完这些推荐书，从书中学会做人。

二是师生共写随笔，目的是促进反思。没有理想的教师，就没有理想的学生，我们提倡师生共同成长，共写日记或随笔。

三是聆听窗外声音。现在，很多教师缺乏人生阅历，难以点燃学生的人生热情。师生都要关注外面的世界。

四是双语教育。这里的双语不是指英语教育，而是语言实际运用能力，让学生每周有一次机会当着全班同学的面说十分钟话，他们要学会交流，自如地表达思想。

五是建设数码社区。把网络建成学习型社区，学会快速获取信息，训练现代人的思维方式。

六是构筑理想课堂，让学生有机会共同参与。

还有一个设想，就是建新父母学校（我反对"家长"的说法，这个称呼本身就欠平等和民主），让父母和孩子共同成长。

将来：在实施这种改革的时候，是否会碰到一些具体问题？比如读书，现今出版市场良莠不齐，真正的好书往往到不了学生手中。再如，让师生共写随笔,假如师生关系没有达到真正的平等,学生又如何可能把真正的心灵袒露给教师看?

朱永新:这是一个渐进的过程,不过我们已经看到了收获。你提到的这些问题会逐渐得到解决。有一位叫吴樱花的老师,她写的教育随笔很有特点。她总是留心观察某个学生,和学生平等沟通,花很长时间写成《孩子,我看着你长大》一书。这是在沟通前提下的平等成长。我们还邀请专家制定推荐书目,涉及文学、社会科学、传记、科技等诸多方面,每年修订和公布一次。这些书在学校开放展示,学生可以随时找到自己喜欢和想看的书。学校还举行"读书日",评选"读书之星"。

将来:新教育实验某种程度上可以说是通过提高教师的素质来带动学生素质的提高。

朱永新:是的,没有教师潜能的开发,哪来学生潜能的开发?没有教师的快乐,哪来学生的快乐?我反对所谓的蜡烛精神,不是将教师的精神和身体透支殆尽,而是要让教师同样得到呵护和发展。教师一旦有了自信,才能充分地给予学生自信,长久的社会暗示,自然会形成一种评价定式。你想激励一个学生,就不断对他说"你行、你行、你真行",只有自信,才能使学生的潜能充分被激发,获取"高峰体验"。

深感迷茫的数学教师张向阳在网上看到《朱永新成功保险公司开业启事》(2002年夏天,教育在线张贴了这一启事,投保条件:"每日三省自身,写千字文一篇。一天所见、所感、所思均可入文。十年后持3650篇千字文来本公司。"理赔办法:"如投保方自感十年后未能跻身成功者之列,本公司愿以一赔百,即现投万元者可成百万富翁或富婆。"),他于2002年8月通过网络向朱教授求教。朱教授送给他六个字:读书、看网、写作。从此,张向阳每天笔耕不辍,仅仅六个月,从未发表过作品的他就在《人民教育》等报刊上发表了50多篇文章,十个月里写了近30万字的教学笔记。吴江市第一小学的费老师曾经痴迷打扑克,参加新教育实验后,渐渐对写作产生兴趣,与扑克牌永远告别,短短四个月,发表了十多篇文章,因其文富有激情,被人称为"激情费小妹"。这激情是潜能开发后的迸射。

艰难的抗衡

将来:在参与新教育实验的学校中,似乎以小学和初中为主,高中比较少,这可能与高考目标有关。这项新教育实验如何与强大的应试教育抗衡?

朱永新:有很多高中处于观望状态,他们怀疑我们这套东西能否解决应试问题。但我想,好的教育往往是返璞归真、以不变应万变,既有好的素质基础,又能培养应试能力。其实,我们的应试教育也在改革,越来越注重人的综合素质,一个人有好的底气,什么样的困难都能应对。新教育实验是从文化和心理的层面来武装人,强调打好精神底色,超越分数和考试。我始终相信,人和人的差别根本在于精神状态的差别。内从心理、外从文化武装起来的人,是不可战胜的。

将来:短短两年间,已有全国21个省市200多所学校加入新教育实验。在实施过程中,您听到了怎样的声音?是否有阻力和疑惑?

朱永新:疑惑主要有两方面:一是现在教师和学生的负担已经很重了,新教育实验无形中增加了他们的负担;二是有的学校开始做得很好,慢慢地,动力缺乏,可能流于形式。

将来:如何克服这种操作层面上的问题?

朱永新:一是我们反复要求各学校开教师大会,全校动员,一致认可这件事的意义和价值;二是通过统一的课题管理,各校课题在教育在线上有所反映,各校在网上相互激励、交流和督促,定期召开研讨会。

将来:既然这种零散的民间力量有着操作上的种种局限,你为何没有动用自己的资源，比如政府力量去推动？

朱永新：虽然我有信心和把握，但还没有足够的时间和实践来证明我的主张是正确的。当然，我也不想用政府的权力来推动个人的民间教育实验。不过，现在已经有一些案例证明了我们的成功，比如玉峰学校办学初始就积极响应新教育实验，办学不到一年，目前所有的排名都是昆山市第一名。我相信，凡是做的学校，都会有效果。

将来：我不禁有一个担忧，什么时候"人的教育"才能纳入教育的主流？"理想的人"走出学校如何去适应驳杂的社会？它所抗衡的，不但是现行的考试制度，还有一个更为庞大的、千姿百态的社会环境。听起来，"理想的人"虽美好，却显得柔弱无比，就好像一个可爱而脆弱的"鸡蛋"。

朱永新：我们已经厌倦了功利化的教育。如果所有的学校都这样做，未来的社会就会变得更美好，这是一项非常长久的工程，需要通过一代人去影响另一代人。其实，"理想的人"在现实生活中并不少，他们不仅能生存，而且能发展。

将来：你预计过新教育实验最后的命运吗？

朱永新：理想主义本质上是人类本性和理性的斗争，人类在发展中不断地需要一群理想主义者站出来，和本性的东西抗衡。人类就在这样的抗衡中调整自己的步伐，获得前进和发展。我们是在教育的科学发展观下进行探索，至少它在相当长时间里会有生命力，因为人们对应试教育已经到了忍无可忍的地步。我们创造的东西和几千年来人类的人文主义美好传统是一脉相承的，当这种东西被淡忘到极致时，必然会被重拾。

朱永新喜欢说一句话：新教育实验不但让人拥有知识，更重要的是让人获得智慧。他也在用自己的行为实践着自己的人生理想：让学术研究走出书斋，真正地改善生活。我们不能不为朱永新的理想感动。尤其身处一群新教育实验的忠实实践者中，与他们分享经验与欣悦，你不由得会感到一种久违的、纯净的快乐。但是在专访中，记者仍一再追问：新教育实验究竟能走多远？其实，这个问题朱永新也一直在追问自己。

（原刊于《新民晚报》2004年5月，作者褚清源）

一场理想和现实的争辩

——苏州"新教育现象"之三

新教育实验诞生两年多来,颇受追捧,甚至有人将其誉为中国的"新希望工程"。

然而,与此同时,各界亦议论纷纷——让教育"回家"的实验,在应试教育的镣铐之下能施展多少拳脚?加盟学校是否会流于形式?为什么成功范例就那么几个?

一网民说得更犀利:朱市长的每一次"煽风点火"都很成功,不过那只是投了几个"理论炸弹",真正进入操作领域,就好比战争进入地面巷战,可要艰难得多了。

一个无可回避的问题,新教育还能走多远?

校长犯难——难上"层楼"

吴江市,加入新实验教育的 11 所学校全是小学。在全国 200 多所加盟学校中,也多为没有升学压力的小学。记者发现,除非是行政推动,否则新教育实验很难再上"层楼"。

"一到中学,就在应试教育的指挥棒底下,谁有胆量置升学率于不顾?"吴江市第十教研室研究员张菊荣的话,道出了所有忍痛割爱的校长的难言之隐。

张菊荣本人在2002年偶然闯入教育在线,此后,吴江市11所加盟学校几乎全由他一手"煽动"。然而,当这位说客面对自己女儿的时候,心情就变得复杂。记者问他是否愿意让上小学六年级的女儿长期参与新教育实验,他回答得斩钉截铁——不,因为她马上就升初一了。

记得当年"减负"一问世,最大的反对声浪来自家长。新教育遭遇的现象何曾相似!即使力推新教育的校长亦不能免俗。记者采访中问到好几位学校校长:"若你们孩子所在的学校规定下午3点放学,没功课,作为家长,你们怎么办?"出乎意料的是,他们的回答几乎异口同声:"除非所有的学校都一样,否则,转学!"

那些彷徨在新教育实验大门之外的校长,对实验本身持"想说爱你不容易"的态度,"学生太苦了,早上听鸡叫,晚上听鬼叫"。一旦遭遇刚性的"分数体制",他们就力不从心了。怀疑论者因此认为,新教育走不了多远。对此,朱永新的回答充满理想主义色彩:好的教育可以"以不变应万变"——新教育是从文化和心理来改变人的内心,这个问题解决了,分数和考试问题皆可迎刃而解。

但人们总在疑问,为什么所有的高中都在观望?凭什么相信新教育既可以提高素质,又可以提高分数?当站在现实的人们诘问新教育的理想时,"朱永新们"的回答总是过于简单。

教师犯怵——怵于实践

即使是那些有勇气身体力行的学校,也在疑惑中前行。

教育在线网站上,经常有教师向朱永新抱怨:各种繁杂的事务性工作,各种所谓的量化考核,已经够多了!能钻研的实属难得,能有成效的更令人钦佩不已……如今再添新教育实验,岂不是徒增负担!一位网民给朱永新留言:在一个学校毕业成绩占教学管理评定80%分值的地方,所谓理想教学,又如何能实现?

确实,在新教育实验中,一些学校兴冲冲加盟为始,渐失动力其中,最后只剩门口一块牌子。

令记者颇感惊讶的是,即使张菊荣这样的新教育实验的干将,对实验的未来竟也不抱希望。"确实是好东西,但它的非功利性,注定了它举步维艰。"他举例,譬如"六大行动"中的"师生共写随笔",有些教师就觉得,每天写日记不如一年写几篇论文,可供评职称用。此外,一些教师希望实验能立竿见影,视实验为提高学生分数的特效药,更使"实验"偏离了轨道。

对此,朱永新的应对法宝并不多。除了要求学校不断动员教师以外,最重要的手段,就是让各校在网站上展示实验进程和成果,"网上交流激励,网下座谈研讨"。一些拥趸者则在网上不断发帖,以"无法改变体制,那就改变自己"的说法来鼓励畏难的教师。理想主义一旦遭遇现实困境,所剩的往往只有理想主义的激情了。

实验犯愁——愁于理论

就连朱永新本人也嗅出实验中可能出现的危险:"发现问题应该是实验学校的一项重要工作,切不可陶醉和麻木。"

实验中,不少教师认为新教育并不新,所提的概念在素质教育中都有,其中"六大行动"更像"修身治国"的古老教育观念,缺乏完整的现代公民教育理念。对此,新教育实验最忠实的推广者、四川著名教师李镇西快人快语:譬如,新教育的核心理念——"为了一切的人,为了人的一切",有空泛之嫌,与"六大行动"相联系,前后逻辑并不严密;再如,"六大行动"中涉及课堂教学相对较少,似乎总在外围做文章,甚至有人觉得是与语文教学相关的读、写范围。

让学校和教师最为焦急的是,新教育实验迄今尚无一个可操作的评估方案。一位教师担忧地对记者说,若评估方案不尽快建立起来,很可能就像当年"新课程"一样,最终还是回到"一张卷子定优劣",让实验流于形式。

新教育实验的资金短缺同样颇受议论。朱永新一个人支撑,加上志愿者的服务，能启动这样一个宏伟的目标吗？一位资深的教育研究者告诉记者，在国外也有这样非政府背景的行动，但往往有基金会或其他财力的支持，"如果不这样，新教育实验恐怕撑不了几时"。

（原刊于《解放日报》2004年6月30日，记者李晔、张斌）

新教育实验能否走得更远

日前,江苏省张家港市乐余镇政府简朴的礼堂内,乐余镇"新农村、新教育、新希望"工程正式启动,400万元奖励基金显示出镇领导对此项活动的不凡决心和高度期望。

这一活动的"幕后导演"是全国政协常委、苏州市副市长朱永新教授。他所发起的新教育实验,4年间已覆盖全国24个省、市、自治区,共有500多所学校加盟,5万名教师、80万中小学生参与到实验中。有教育专家这样评价:新教育实验是真正能够让教师和学生过幸福完整的教育生活的"新希望工程"。那么,新教育实验的魅力何在?在目前的教育环境中,这一实验能否走得更远?

无限相信学生和教师的潜力

"2002年10月29日 沈达,男,1989年出生,父母离异,2002年9月考入昆山玉峰实验学校。据沈达的小学班主任和任课老师反映,他聪明却个性极强,爱搞恶作剧,顶撞教师,欺负小同学;但上课发言踊跃,兴趣广泛。"

"2003年9月23日 沈达的试卷被错批了2分,课堂上他大叫批卷教师没水平,我让他下课后再谈,他竟说粗话,下课时又故意把杯子摔坏了。我的心隐隐作痛，胸口好像被堵住般难受。难道我的人文观念真的错了吗？我不甘心。"

"2004年3月4日　课堂40分钟，沈达听15分钟就懂了。我让他坐在教室的最前排，只要不影响别人，且他自己已经听懂了，他可以看其他书籍。我承受着一些压力，有人说我缺乏班级管理能力，还有人说我在纵容这个学生，其实，我是在用师者的宽容给学生以无声的教诲。"

"2005年6月30日　今天是中考最后一天，沈达把同学们不要的废纸都整理了，把教室地面拖得干干净净，直到把卖废纸的80元钱整齐地放在我的办公桌上后才离开。我感觉很欣慰。"

以上摘录的日记，出自江苏省昆山玉峰实验学校语文教师吴樱花之手。2002—2005年间，她为"调皮大王"沈达写下15万字的《孩子，我看着你长大》。沈达读后一次次感动地流泪，"从第三者的角度去看我过去做的事，连我自己都会觉得讨厌。吴老师，您是我最值得信赖的人"。2005年6月26日，好消息从昆山市教育局传来，沈达以660分的高分成为昆山市中考"状元"。"我的奋斗目标是考上清华大学。"沈达说。

吴樱花说自己"是用一种客观研究的眼光在看待沈达"，所以她"始终能以相对平和的心态坚持'以情动人，以理服人'的教育工作"。这种"客观记录式"的教育方法，正是朱永新推动的新教育实验所倡导的。

作为加入新教育实验的第一所学校，昆山玉峰实验学校校长周建华牢记着新教育实验的理念：让师生与人类的崇高精神对话，无限相信学生和教师的潜力，教给学生一生有用的东西，重视精神状态倡导成功体验，强调个性发展，注重特色教育。实验要求教师坚持记录自己的生活，这不仅是一个写日记、写随笔的过程，更是一个人成长的助推器。每个学生都可以从这些日记、随笔中体会到教师的良苦用心。在写得精彩的同时，教师开始活得精彩，做得精彩。

核心理念是"重视心灵的教育"

新教育实验的"魔力"在昆山玉峰实验学校日益显现。当初它的萌发，源自一位学者多年思考的"结晶"。

作为中国教育学会副会长、苏州大学博士生导师，朱永新可谓著作等身。2000年起，朱永新的《我的教育理想》《新教育之梦》相继出版，这是他的新教育思想的萌芽阶段。

长期浸淫于教育领域的思考与探索，朱永新对中国的教育现状有着较为清醒的认识。"中小学生太苦了，起得最早，睡得最晚。"朱永新告诉记者，"多年来，应试教育往往以牺牲学生和教师的发展为代价。作为'人'而存在的技能，如沟通、表达、交往、合作等要素在教育中没有地位，造成人文精神的缺失。"为此，朱永新大声疾呼"育人之要在育心""用人文滋养心灵"，提出"降低学习难度""保证孩子的睡眠权"等具体措施，虽然也引起一些共鸣，最终却归于静寂。

实践，从理论的寻根溯源开始。朱永新注意到，中国古代儒家以育人为本的教育传统，一直在探求修身齐家治国平天下的道理。100年前的欧洲新教育运动，几十年前美国的进步主义教育思想家杜威，早已宣称真正的教育应该培育学生的独立精神和健全人格。中国教育家陶行知、蔡元培等将其"移植"到中国，并身体力行地去实践。正是源于朱永新对中外教育理论的深刻理解，他提出新教育实验的核心理念："重视心灵的教育""教给人过一种幸福完整的生活"。

主要内容体现为"六大行动"

新教育实验的载体是"一张网"——2002年6月18日开通的教育在线。"我每天早晨6时要上网'晨练'一小时，中午也要上去'运动'一会儿。我与全国各地的教师谈心，距离近得似乎能听到彼此的呼吸。"朱永新对记者说。

这张"网"迷住了朱永新。他不断以普通网民身份发帖子，用自己的新教育理念打动教师，把新教育实验推向一个个学校；越来越多的教师也被"网"在了这个充满生机的"教育社区"里。新教育实验课题组成员卜延中激动地回忆，"短短一个月内，没有做任何广告，只通过熟悉的教师之间的口耳相传，网站论坛的发帖量就达到 2 万个"。

现实中，新教育实验会给实验学校挂"一块牌"。2015 年 5 月，吴江市北厍镇中心小学校长徐惠明登录教育在线，注册学校的基本情况。很快，朱永新有了回复，并为学校挂上了新教育实验的铜牌。所有这些，只是一个象征性的仪式。新教育实验完全是"自愿加盟、来去自由"的公益性实验活动，凡实验学校及个人均不交纳实验费用，课题组为申请者开列的条件不是"硬件"而是"软件"：凡接受本实验项目主持人的教育理念，愿为实现新教育理想而行动的学校和个人，均可加盟。实验能给学校的就是新教育的理念，即"六大行动"：营造书香校园、师生共写随笔、聆听窗外声音、建设数码社区、培养卓越口才、构筑理想课堂。

就拿"营造书香校园"来说，朱永新认为，"一个人的精神发育史，就是一个人的阅读史。而一个民族的精神境界，在很大程度上取决于全民族的阅读水平"。朱永新认为，一个没有阅读的学校，永远不可能有真正的教育。只有教师与学生共同阅读，他们才可能有共同的语言、共同的生活。因此，他要求，新教育实验区内的学校，师生应该把阅读作为重要活动。他与课题组一起为教师和学生推荐了新教育文库，精心选择有价值的书籍，要求学生每学期背诵中华经典诗文，中学生背诵英文名篇。

"一样的学生，一样的学校，但是教师的精神状态发生了变化。"这是采访中记者听到的最多的一句话。在教育在线首页上，顶栏红色的大标题就写着"共建教师的精神家园"。教育在线也确实成为教师的"学习型社区"。即使在午夜或清晨时段，讨论室里依然人才济济。这个简单的"舞台"上，经验丰富的教师在网上授课，热情的网民为边陲学校捐书，大量教师在论坛上进行智慧碰撞。云南思茅地区的小学教师"滇南布衣"，利用教育在线与异地的同行交流讨论教学问题，虽然地处偏远，但他教的 12 个学生却可以接受到和先进地区一样的教育。全国更新教育观念报告团成员、北京清华附小特级教师窦桂梅写道："怀着激情，我每天必上网一次，踏上这只大船，我尽情享受它的习习海风。"短短4年间，教育在线注册会员有近19万，开设教育博客的教师接近2万人，已经成为中国最大的教育论坛和网络教师培训学院，成为中国教师的精神家园。

新教育实验仍在不断完善

2004年4月，一位农村教师在教育在线上留言："我对新教育实验向往已久，可是，要在我们这样一所农村初中实施是行不通的。我们这儿仍然是踏踏实实搞应试教育，教学质量是与资金挂钩的。所以，新教育实验，想说爱你不容易。"

这位农村教师的话，凸显出新教育实验与现实之间的差距，质疑声主要集中在四点：新教育实验在目前的应试背景下，能起到多大的作用；新教育实验在很多方面有所缺失，如生命教育；作为一种可以推行和操作的教育模型，新教育实验在理论框架与操作水平上还有明显的不足；完全的"草根运动"能否具有长久的生命力。

"2004年以后，我们认识到了这些问题，很多原本积极热烈的参与者开始理性思考新教育实验的前途，并且用自己的最大能量去完善新教育实验。"朱永新说，2006年9月开学时，部分参与实验的中小学已经开设了"新生命教育"课程。

朱永新告诉记者，教育的智慧在于从制度的夹缝中寻求生存与发展的空间。"现在有很多学校特别是高中处于观望状态，他们怀疑我们这套东西能否解决应试问题。其实，应试教育也在改革，越来越注重人的综合素质。新教育实验提出的'六大行动'，是符合教育规律的，从文化和心理的层面来武装人，强调打好精神底色。山西运城的实验学校仅开展了两年，但那里的小学生面对几十位校长的'大考问'，对答如流，校长们都惊呼'问不倒'。因此，新教育不惧怕考试。实验学校如昆山玉峰实验学校、常州湖塘桥小学等，在当地都是出类拔萃的。"朱小蔓教授认为，新教育实验把人的素质教育、文化教育、心理教育结合在一起，能够唤醒人的精神状态，所以，新教育实验对学生学习知识和提高技能更有帮助。

朱永新提出，要在"十一五"期间成立新教育实验的研究中心（所），并由专人负责理论研究工作，解决好新教育实验的本体论、方法论、价值论问题。

从 2005 年以来，新教育实验获得两笔共 1000 万元的社会捐款，分别成立了"新农村、新教育、新希望基金"和"新教育研究与推广基金"，结束了原本仅靠社会零散捐赠和朱永新的稿费与讲课费支撑的局面。新教育实验正在全国"遍地开花"，这场"草根运动"所震荡出的教育"冲击波"还在继续扩散。

（原刊于《光明日报》2006 年 12 月 25 日，记者苏雁）

新教育实验再出发

"将我所熟悉的朱永新先生妖魔化为一个到处吹牛的学术骗子形象,令我非常震惊!"当新教育实验的一名元老看到2006年春天华南师范大学博导黄甫全致朱永新的公开信时这样说道。

黄甫全还在那篇名为《必须警惕当代教育研究中的"浮夸"风气》的公开信中激烈批评新教育实验的"总设计师"、同时也是苏州市副市长的朱永新"吹牛吹得太大了"。这是新教育实验肇始以来所遭遇的第一次公开质疑,有人称其威力比10吨TNT炸药还要大些。不久之后,华中师范大学教授郭元祥又在《大规模教育实验研究的局限性》一文中对新教育实验提出学术批评。自此,舆论对新教育实验过去数年间所发生变化的关注一直持续到2007年。

数量与质量

"倘若新教育实验经得住时间和空间的检验,将有望在另外一重意义上成为继希望工程之后的'新希望工程'。"2004年夏天,本刊《新希望工程:一场对抗教育异化的实验》一文这样报道朱永新等一群理想主义者的"新教育之梦"。所谓新教育,是一种建立在对"旧教育"批判和重构的基础上的理想教育——过幸福完整的教育生活,拒绝学生折戟于"分数教育",而提供完整的"人的教育"。

回溯 2002 年 9 月，苏州市昆山玉峰实验学校挂上第一块新教育实验的铜牌，成为新教育实验的"井冈山"。随后，星星之火开始燎原。5 年时间，朱永新的苏州同乡、诺贝尔物理奖获得者李政道题写的"新教育实验工作室"8 个字被复制到 20 多个省份。

"前 5 年我们推广的是理念，靠激情、理想去感染大家。"朱永新把过去 5 年视为"激情燃烧的岁月"。从这点出发，低门槛接纳大量学校成为新教育实验学校的主要策略。当这些学校面临良莠不齐的困境时，朱永新以一句"先燎原，造成声势"，把反对的声音压了下去。如斯，2006 年新教育的"星星之火"已经烧到全国 20 多个省份的 500 多所学校，14 个由各地教育局主动申请设立的实验区就像一个个根据地撒落在大江南北，参与实验的教师已经达到 6.3 万多名，旗下有超 100 万规模的学生军。

正是这些数字，让朱永新有力地回敬了"新教育能走多远"的质疑。当这个目标达到以后，他开始收紧审批权，命令"十五"期间加盟的所有新实验学校"就地趴下，重新组合"。结果，原先 503 所实验学校被划分入三个不同的级别：核心校、加盟校和挂牌校。核心校为最高一级，对新教育理念推行最卖力，一共有 30 多所。嗣后，秘书处又历时 20 多天对实验学校进行翔实的普查，结果发现其中近 100 所挂牌校"掺假"，于是作出摘牌处理。

如此一来，参与新教育实验的学校一下子降到 430 所，"保住了实验的纯粹性"。之前，朱永新在一个新教育实验区的会议上说："整个新教育实验学校 500 多所，'两张皮'的学校比较多。出于各种各样的原因，它也做了，但没有成为它的血液。"

"大部分学校在混日子，新教育只不过是帮他们扛大旗。"核心校之苏州工业园区新城花园小学吴云霞校长说，她当初就提醒朱永新，不要一下子把摊子铺得太大。但吴云霞也看到了迅速扩大声势给新教育带来的好处，那就是制造影响力，"先声夺人"。

"一种理想，不会仅仅因为它是好的，就会从边缘变为主流。"并非学术骗子的朱永新对此很清醒，"理想同样需要进行巧妙的市场推广，才有可能真正改变人们的看法与行为。"朱永新说自己是新教育的"拉拉队员"，做"市场推广"勤勤恳恳。一晃 5 年过去了，新教育理想名满天下。

然而，中国教育学会副会长陶西平评价说，新教育实验其实是将一条鲶鱼放进鱼缸，把中国教育这一缸水都搅动起来。搅局者可以一夜生成，建设者却不会从天而降。

正如吴云霞所担心的，记者调查也发现，由于新教育实验学校发展太快，产品和服务跟不上，很多实验学校得不到相应的指导，不少实验学校"雷声大雨点小"，未见实质性进展。

资金与人员

面对来自外部和内部的质疑，2006 年 9 月，朱永新终于发出变革的信号——向参与实验的学校提供实实在在的解决方法。

"但操作不能规定死，否则几百所学校做成一个模样，还有生命力吗？"吴云霞是一个拥有 32 年教龄的女校长，也是一个非常有个性的"职业化校长"，她说自己没有智慧提出教育思想，可一旦把思想交给她，她知道该怎么做。

作为新建学校，新城花园小学的校园透露着新加坡气息，1997 年 8 月，吴云霞成为首任校长。2003 年，新教育在苏州轰轰烈烈地展开，吴云霞和新教育"一拍即合"，追随朱永新的新教育理想。一方面，清理课程体系，摒弃一些不必要的做法；另一方面，推行新教育"六大行动"（营造书香校园、师生共写随笔、聆听窗外声音、建设数码社区、培养卓越口才、构筑理想课堂）。

然而，正因为这些行动，吴云霞也把自己放到煎锅上双面煎熬，一面是体制下的分数教育，一面是民间推动的新教育。她说："如果之前教师不是这么优秀，当初学生的成绩不是那么好，我绝对不敢这么大力度推行新教育。因为新教育的存在必须以'分数教育'的成功为保证。"但目前来看，新城花园小学的成绩在园区 5 所公办学校排比中已经下滑，吴云霞的压力更大了。

有时候，吴云霞不得不向现实低头。2003 年加入新教育伊始，吴云霞就开设了 30 多个兴趣小组，在课余时间和周末为学生提供个性化的教育服务，但都是收费服务。2004 年，这些兴趣小组被上级教育主管部门一纸红头文件叫停。"停两年了，学生的特长、爱好明显地衰退。"

此外，资金问题很大程度上也决定了新教育实验的"六大行动"中"营造书香校园"和"师生共写随笔"这两个不需资金投入的项目普及最广，最有成效。对其他行动，很多实验学校是"心有余而力不足"，譬如"聆听窗外声音"，请专家学者来校开讲座需要讲课费；再如"建设数码社区"，需要购置电脑，很多农村实验学校想都不敢想。

2006 年，苏州市成为新教育实验区，但"苏州的新教育实验是农村包围城市，"苏州城区一所公办学校的校长告诉记者。参加新教育的无非农村落后学校或者新建学校，前文提及的昆山玉峰实验学校和新城花园小学都属于后者。

为什么会出现这种现象？朱永新给出的答案是：第一，他这个副市长一直没有用行政力量去推动；第二，相对来说，好学校的校长感觉都很好，他们不需要用其他东西来证明自己。

朱永新说，新教育的民间推广模式一开始就注定了它的弊端。还有一种情况是，许多新教育实验学校突然失去联系，秘书处一调查，原来换校长了，"我们的校长容易标新立异，前任校长做的，他往往不愿意做"。

"人对事的影响，在中国太大了。"朱永新感慨道。5 年来，新教育推行中，一所好学校往往有一个好校长；一个好的实验区，往往有一个好教育局长。然而，"这是好事，也是坏事"，新教育的可持续发展面临现实环境的重大考验。

记者请教几所新教育实验学校的校长和一些新教育实验区的教育局局长，他们是否有办法使新教育继续成为下一任的执政方针，答案是没有办法。显然，这是新教育实验无法逾越的一条鸿沟。

"东方不亮西方亮，此起彼伏嘛。"朱永新倒是很看得开。他说最关键的是新教育实验做好了，自然会得到更多政府部门的支持和推广。

英雄主义与团队文化

新教育实验的经费来源，基本来自朱永新个人的讲课费和稿费，至今他已经捐出 36 万元。财政吃紧使得新教育实验一直没有建立起自己的专业团队，过去 5 年新教育实验的中枢——秘书处的 3 名负责人全部是兼职人员。

2006 年 7 月，一名上海企业家决定出资赞助新教育实验。几乎同一时间，无锡灵山慈善基金会也拿出 500 万元和新教育共同开展公益项目。2006 年 7 月，朱永新召唤新教育"个体户"干国祥和马玲到苏州组建新教育研究中心，致力于新教育的研究与推广。此前，成都高中语文教师魏智渊已经先期来到苏州。

魏智渊、干国祥和马玲三人的加入，意味新教育核心团队将从业余向专业迈进。然而，新问题也悄然来临。"人对事的影响，在中国太大了"，亦适用于新教育内部团队建设。

2006 年 12 月 26 日晚，苏州大学怡远楼朱永新工作室，"相约星期二"新教育沙龙又一次让朱永新和他的追随者济济一堂，坐而论道。这一晚，朱永新的几个博士纷纷用"新教育实验总设计师"来称呼自己的导师，并表决心帮助"总设计师"。朱永新坐在一旁，一声不哼。但当干国祥一句"朱老师的新教育"脱口而出时，朱永新不再沉默了，他立即更正："不是我的新教育，是我们一起的新教育。"

"这是很可怕的事情。"身为副市长的朱永新很警惕这种个人崇拜倾向，"我反复地讲，新教育是大家共同熬制的一锅'石头汤'。"

沙龙将近尾声，沙龙组织者干国祥向朱永新请示，下一期沙龙恰逢元旦期间，很多博士生可能不在苏州了，是否还如期举行？这是一个具体问题，但是干国祥还是向朱永新请示了。朱永新告诉他，沙龙组织者作决定。

"如果每次讨论都要我来安排，我不是太累了吗？"朱永新对记者说。

事实上，不是干国祥不愿意自主决策，问题是他的决策能否让老的新教育人理解和接受。这一点，朱永新很清楚，"一开始肯定是个冲突，因为老的团队一直以为自己是创业者，对新来的人自然就会有一种抵触的心理"。

朱永新提醒记者，新教育实验"六大行动"总负责人、江苏南通海门县教育局副局长许新海 11 月已经邀请干国祥他们去海门推广"毛虫与蝴蝶"项目，这说明"元老们"已经慢慢接受这两张陌生面孔。

的确，新教育决策机制还未完全从"总设计师"授权的体制向集体领导体制转变，权责分明的科层管理和项目管理远未建立，新教育的"一号义工"就曾不留情面地批评新教育内部办事效率不高和执行力不强。

"一号义工"是一名不愿意透露姓名的台湾企业家，在台湾有着 22 年的房地产经验和优越的生活，然而她放弃这一切，来到苏州工业园区创业。2005 年秋天，她看到了本刊对新教育的报道，折服于朱永新的理想。2006 年 1 月，她以义工身份加入新教育团队，给新教育的见面礼是一张 2 万元的支票。当年 7 月，第六届新教育实验研讨会在北京召开，她掏钱印制了 1000 本精美的宣传册。

之后，这名"一号义工"被任命为新教育总管理处负责人。"实际上，她在帮我管理这个事业。"朱永新介绍说。"一号义工"除了管理自己的企业，每周还要拿出两天时间帮朱永新管理团队。然而，她很快发现自己陷入一个复杂的环境，各种不理解甚至不配合纷至沓来。

不久，"觉得很累"的"一号义工"便向朱永新提出"辞职"："不是不喜欢新教育和朱老师，只是想到一些我不理解的事，就会觉得很可能渐行渐远。"好在朱永新没有放走她，他再次用个人魅力赢得了"一号义工"的回心转意。

"新教育的'英雄主义'色彩还比较明显，真正的团队文化还没有形成。因此，还没有真正地进入稳定发展时期，或者更尖锐地说，还没有真正摆脱危险期。"这是朱永新对形势的判断。

再出发

朱永新对记者说，2006 年他想得最多的问题是如何从新教育实验中退身，"希望在退居二线的时候，留下一个集体领导的制度和一支优秀的团队"。后朱永新时代的决策将不再是朱永新的一言九鼎，而是集体的民主决策。至于为这个决策层取什么名字,他还没有想好。

每年元旦,朱永新的学生都会从全国各地赶来参加"朱门"聚会,交流一年来的收获。2007年元旦的"朱门"会上,朱永新将新教育团队也"扩大"进来,但他却没有参加新教育团队的会议,而是和学生"混"在一起。

主持新教育团队会议的是上任不到一年的新教育实验总负责人卢志文。关于卢志文,本刊2006年5月上《监利公立优质高中改制调查》一文对其有过报道。其时,他为江苏翔宇教育集团总校长,目前也仍旧是这家民办教育机构的总校长。

看来,2007年,面临各方质疑,组织内部亦在进行调整的新教育实验,决定站在一个新的平台上重新出发。但这个由教育NGO所推行的几无先例的教育梦想在"剪彩仪式"之后,究竟能走多远,仍须拭目以待。

(原刊于《南风窗》2007年第3期,特约记者陈才安)

新教育实验

在女儿小雨就读的江苏省海门市能仁小学前,范春花心中满是担忧。"因为她实在太特殊了。"范春花说。小雨早产,语言发展非常慢,不愿与人交流,集体唱歌从不开口。幼儿园的晨间活动,所有儿童都蹦蹦跳跳,唯独她站在操场上一动不动。范春花一度以为小雨得了自闭症,更无法想象她进入小学后将面临什么。

入学第一堂课,针对家长,教师召集全体家长共读一本书——《我们拥有孩子多少年》,"就是告诉我们,对孩子要舍得放手,让孩子有好的适应过程"。

待学生正式走进课堂,第一周的主题也是让他们一起读绘本。《小阿力的大学校》讲述了一个叫小阿力的男孩,如何克服对学校的恐惧,找到校园生活的美妙。范春花发现,小雨开始对去学校这件事充满了期待。

范春花介绍,小雨每天在学校要进行晨诵、午读,教师鼓励小伙伴们一起读书讨论;课后作业竟是布置给家长和孩子一起做,孩子回家讲述学校里都发生了什么,妈妈将它写下来,孩子还会为文字配上图画。"和女儿的交流比以前多很多,关系也更加亲密。"教师号召家长给孩子开博客,小雨的积极性更是被调动了起来,每天不间断地写,有时写故事,有时记日记,有时观察植物,记录每天的变化。

2013年10月,小雨参加了学校的朗诵比赛,被选为领诵;接着,在校园故事201赛上，她又获得了一等奖。此后的活动中，原来连话都不敢大声讲的小雨，居然当上了主持人。

范春花相信，这就是教育的力量。

强化阅读，培养自信，鼓励学生探究、实践，倡导亲子交流……这些已逐渐为人们接受与向往的教育理念，并不仅存于小雨就读的这所学校。

从2000年起，民进中央副主席、中国教育学会副会长朱永新开始推广不同于应试教育的新教育模式，倡导人本价值和通识教育，构建多元丰富的校园文化生活，让学生成为主体，充分参与到教学生活之中。14年间，全国已有2000余所公立学校响应朱永新的倡导，投入新教育实践。海门更因其教育局长本人加入新教育实验的推广，成为新教育实践的重镇。海门能仁小学，是海门实验区中的一所。

随着人们对应试教育的反思逐步深入，中国民间涌现出大量"非主流"的教育尝试。在北上广等大城市，一些家长让孩子"在家上学"，或成立另类私塾，有的家庭把孩子送进国际学校。这些孩子在家长认同的教育理念下，用不同于传统课堂"填鸭式"的方法学习更为多元的教材和课程，其中多数孩子放弃学籍，且不再进入中国公立教育体系。

与这些民间行动不同的是，朱永新所倡导的新教育实验则主要在公立学校中推开。如今，新教育实验已成为在中国影响最广泛的民间教育改革项目。2014年4月，新教育实验入围世界教育峰会（WISE）教育项目奖。这个从2009年起在卡塔尔举行的世界级峰会，每年都从全球申请者中挑选最优秀的六个教育创新个案予以嘉奖，被誉为教育界的"诺贝尔奖"。2014年包括新教育实验在内的15个入围项目，通过由多名国际知名教育专家组成的初审委员会的严苛评选，认为其项目体现出创新思维，对所在社区和社会产生卓著影响，且其运营模式可被复制到其他环境和地区。

生长于中国应试教育土壤的新教育实验，究竟有多大魔力？

"幸福完整的教育生活"

无论是和同学一起诵读，还是和妈妈一起写绘，小雨从步入学校第一天开始，便迈上了新教育所倡导的"儿童阅读阶梯"。这是新教育研究院根据学生的认知能力、年龄层次开出的阶段性阅读书单，从低年级的各种绘本读物，到高年级的《狄金森诗选》《苏菲的世界》《万物简史》，所涉甚广，颇受学生喜欢。

"一个人的精神发育史就是他的阅读史，一个民族的精神境界取决于这个民族的阅读水平。"朱永新将推广儿童阅读看作新教育最核心的项目。"营造书香校园"，就是期望参与新教育实验的学校，能为阅读留出时间和空间。

小雨每天的校园生活都是从读书开始的。早、中、晚三个时间段，学校让学生"晨诵、午读、暮省"。大多数新教育实验学校每周会给学生上一节阅读课。全天候开放的阅览室、教室一角的图书架，更是标准配置。学校还会通过举办读书节、组织读书沙龙、评选阅读小明星等形式，鼓励学生海量阅读。

"阅读不能改变人生的长度，但它可以改变人生的宽度。"海门市教育局局长也是新教育研究院院长的许新海，自称"无限相信书籍的力量"。传统应试教育，并不支持自由广泛的阅读。

2007年，许新海在海门市主持了两次较大规模的"关于中小学生生活与学习和教师教育生活状况"的专题调研。他发现，随着年级升高，学生的读书时间越来越少。初三还能"经常看""天天看"课外书的学生不过三分之一，教辅书竟成为课外获取知识最主要的途径。

这项调研更让他感慨的还有学生对学校的态度。到了初中，有三分之一的中学生每天在步入校门时感到"郁闷""紧张""疲惫""厌烦""焦虑"甚至"恐惧"，初三对学习还有兴趣的学生比例不足10%。

从一线教师成长的许新海深知应试教育之弊：提倡服从的教育观，无所不在的工具意识和实用主义思想，被考试挟持的、呆板无趣的课堂……在他看来，中国教育面临诸多危机。"我们要做的，就是回归教育本质。"许新海说，"让学生上学不是为了排名次和分数，而是让他们觉得上学有意思，喜欢上学，过一种幸福完整的教育生活。"

"过一种幸福完整的教育生活"是新教育实验的最终理想。2000年，朱永新写就《我的教育理想》一书，被视作新教育实验的起点。在朱永新的主持下，为实现这一目标而进行的一系列理论实践研究成为全国教育科学规划、中国教育学会的重点课题。

朱永新强调，新教育并非颠覆性改革，而是改良性、叠加性的教育变革，目标与国家教育方针一致，建立在国家基本课程基础之上。它针对应试教育体系最突出的问题，提出解决的思路和方案，并以项目的形式在各个学校中推广。

在他眼中，中国学生的首要问题是不读书。越是教育水平低的地区，问题越突出。通过"营造书香校园"，就能看到学生的精神面貌有非常大的变化。

其余的项目，有针对中国学生表达、思辨能力缺失问题，以故事、演讲、辩论为形式的"培养卓越口才"；有针对课堂教学"满堂灌"、枯燥乏味的问题，推广的"构筑理想课堂"项目，要求教师给学生提供更多自主学习和深度参与的机会，鼓励讨论、表达、实践和小组合作。此外，还有补充德育、促进师生和亲子关系以及班级文化发展、强化学生社会意识与实践能力的一系列项目。

朱永新强调，这些项目无论是形式或理论都已相对成熟，"只要去做就会有效果"。

海门东洲国际学校初二的学生王晓涛，就是读了《沙漠里不是只有沙》后才有了要去非洲的想法。这本描述马里阿雷格族人游牧生活的书，让晓涛对非洲这片土地充满好奇。2014年9月，他将前往博茨瓦纳，进行半个月的交换学习。

和他同行的，还有同年级的陆一凡。这个男生酷爱历史，最喜欢三国。在他看来，三国时代的诸多故事对今日中国极有借鉴意义。"如果你有时间，我可以给你讲一整天的曹操。"

"他们从小读的书，整天思考的东西，是应试教育体制下的学生不可能有的。"他们的老师俞玉萍对学生赞不绝口。在她看来，是阅读启迪了他们对世界的好奇。从这些学生身上，她看到了教育家们期望为学生培养的品质：广阔的视野，乐于探究与尝试的开放心态。

海门学生的应试能力也令人满意。连续4年的高考成绩，海门综合排名都位列江苏第一；两年一次的义务教育质量抽测，海门也是全省第一。在抽测的分指标中，写作、阅读两项上，海门远远高于第二名。

江苏省在高中阶段举行的现场作文大赛，连续两年的第一名也出自海门。海门市中小学教师研修中心教研室副主任钱珏尤其记得，有一年的考试命题是"看见看不见"，海门学生写的是大学生就业问题，看见的是大学生就业难，看不见的是整个社会对人才要求、标准的变化。"学生思维的广度、深度，完全超越了所谓高考作文的套路。"

走进体制

如何推广这样一套逐渐成熟的教育理念和方式，新教育面临两条不同的路径。

其一，和大量另类教育的实验者一样，成立相对独立的民办学校乃至小规模私塾，按新教育的理念开展教学。其二，"渗透"到公立教育中，让一线教师、校长接纳并按新教育的要求行事。

在新教育的推广者中，有一支"小分队"选择了前一路径，在内蒙古罕台、北京丰台等地与地方教育局合作，成立专门的新教育实验学校；"大部队"选择了后者。相较而言，独立的实验学校显然可以更彻底地践行新教育理念，而现实却有诸多制约。朱永新介绍，这一方面包括能否找到合适的投资方，像在北京这样的城市，还要有能力拿到教育用地，疏通政府关系；另一方面，只有在公立教育体系里推广，才能惠及更多的平民子弟。

事实上，新教育提出的教育理想，在官方的话语体系中并不陌生。与它内涵最为接近的概念，就是素质教育。从2000年开始，因应试教育备受诟病的中国教育部由上而下推动新课程改革，其目的就是要建立符合素质教育要求的基础教育课程体系。其举措包括减少课时，以"一纲多本"的方式实现教材多元化，改变课程结构，增加活动时间课时等。

事实上，新课改搞了十多年，效果并不尽如人意。"高考和中考都没有改，基础教育被全面卷入考试之中，让学校不得不把所有的校内时间都给了国家课程、应付考试。"在许新海看来，新课改仍有功绩，通过大规模由上而下的培训宣传，向教师们灌输了"学生是学习主体"的观念，"但评价机制不变，教师的教学行为依然无法改变"。

新教育的推广，选择的则是和从上而下的课改截然不同的路径。朱永新本人在中国教育界极有影响力，他利用在全国各地演讲、开会等机会，不遗余力地宣传推广新教育。凡是接触、了解新教育的教师、校长，均可在教育在线的网络社区找到大量的资料，与同仁进行交流，只要自愿坚持实践一年，就可以免费加盟到新教育实验中。

在海门新教育培训中心主任吴勇看来，教师和校长自愿践行新教育的动力，就是摆脱教师的职业倦怠感。

"每天都是讲课、批作业，不断重复，始终处于一种庸碌的生活状态。"海门东洲小学的刘宇禹老师回忆，自己师范学校毕业后不久，便对教师职业产生怀疑。当时她接触到新教育所提倡的晨诵，每天选择最美的诗歌分享给学生。新教育提出的"完美教室""理想课堂"等理念给她带来新的灵感，每天的教学和校外活动都需要教师不断创新，又不断获得成就感，"新教育让我找到职业的意义"。

一线教师、校长之外，也有很多教育行政官员对新教育产生兴趣。许新海是其中最为特殊者。2003年，还是学校校长的许新海在一次学术活动中认识了朱永新，了解到他的新教育理念。而后，许新海前往澳大利亚访学，也持续不断与朱永新交流访学见闻。待他回国后，便被朱永新收入门下，成为朱永新的博士生。导师给他的最重要的任务，便是推广新教育。同一时期，许新海也被任命为海门教育局副局长。"有这样的便利，新教育当然要在海门推广。"

现在，在海门新教育实验区，前来取经最多的恰恰是以应试教育著称的山东省。"教育部提出了一系列的'不许做什么'，不许补课，不许择校，'小升初'不许考试。但可以做什么，却没有答案。"吴勇认为，新教育事实上为一线教育实践者指出一条路。

这些完全自愿加入新教育实验的教师、校长乃至教育局局长，组成了新教育实验的共同体，其组织体系日趋完善。

最顶端的新教育理事会，由朱永新任理事长，通过一年一次的理事会议决定整个新教育实验的发展方向。新教育研究院为首的一系列执行机构，则负责新教育的理论研究、课题管理、培训会议等一系列工作。

自主办学之路

多年探索后，通过实验区由上自下推广新教育，正成为新教育实验的主流。朱永新解释，行政推广能给新教育匹配更多的资源，推广速度快，且易于管理，但也带来一系列的问题。

朱永新表示，尽管实验区由地方教育行政官员自愿申请，但在该区域实施时，也会有官僚主义，可能搞得千篇一律，强制教师每天读书、写日记，事实上也可能给教师带来很大的负担，以造假等形式去应对。

朱永新认为，解决问题最关键的是增强新教育自身的吸引力，以更成熟的课程理论体系、更明显的教育实验效果，提高教师和社会对新教育的接纳度。

在朱永新心中，新教育将在未来十年深入教育改革核心区：建立自己独立的课程体系。他介绍，新教育的特色课程将包括四部分。一是新生命教育，针对个人发展问题，涵盖健康、安全、生命伦理等内容；二是新公民教育，针对社会人的问题，向学生传播法治、民主精神等概念，涵盖思想品德、哲学伦理等内容；三是新艺术教育，不仅仅是简单的音乐美术课，而且要整合进新教育已广泛推广的童话课、电影课；四是新智识教育，主要是现在的文理教育。

朱永新举例，现在的历史课程一般就是三段论——发生了什么，原因是什么，意义是什么。新教育试图研发的课程标准，旨在培养学生的历史情怀，而不仅仅限于文本，而是让学生从自己的家庭历史，逐渐走向世界历史。

这一系列课程的研发，目的是替代当前国家课程中一些枯燥且政治化的课程。朱永新设想，新教育的课程可以以校本教材的形式，先在一些地区实验；远期来看，则要申请通过教育部门审批。"尽管很困难，但不是没可能。"朱永新介绍，新教育团队曾开发高中语文读本教材，仅差一票即通过教育部的审核。

对比国外的一些另类教育实验，朱永新认为，这是要在中国推动民间教育改革最困难的地方：课程自由度太小。一般情况下，只有通过教育部审核的教材，才会被允许在基础教育的课堂上使用。

朱永新坦言，尽管公立教育体系能够更快、更广地推进新教育，但来自行政体系的束缚仍然非常多。每一个校长、局长的价值取向和对新教育的理解都不一样，很难保证新教育得到彻底实施。

不管怎样，在朱永新看来，无论何种路径，由下自上的民间教育实验为中国的教育改革带来更多元的可能，"只要行动就会有改变"。

（原刊于财新《新世纪》2014年第24期，记者蓝方，见习记者赵晗。有删减。）

一场教育实验生发的故事与思考

前不久,山东诸城,新教育实验第十六届年会举办。来自全国各地的教育者们,走进了这里的一所所学校。

他们发现,除了成绩,这里的教师更在意学生的习惯养成,而且,"感觉这里的学生总是在笑",这里的教师解释说。我们是新教育实验学校,在追求一种完整而幸福的教育生活。

新教育,是一个什么样的实验?为什么会有这样的追求?

"流水线"上无精打采的学生,陀螺般转动的教师,这是幸福的教育吗?

一些学校对分数的单一化追求,忽视了做人的教育,这样的教育完整吗?

基于这样的疑惑与思考,2000年,一个教育改革实验开始在一些敢于探索的学校进行。"那是一种对学生和教师生命状态的关注,过一种幸福完整的教育生活,成为新教育的原点和使命。"中国教育学会副会长、新教育实验发起人朱永新说,这就是新教育!

对于探索者来说,虽然实验生发于理想,但"行动"一直是这场实验的灵魂。至今,新教育已经探索了16年,逐渐找到"十大行动"着力点:营造书香校园;师生共写随笔;聆听窗外声音;建设数码社区;培养卓越口才;构筑理想课堂;推进每月一事;缔造完美教室;研发卓越课程;家校合作共育。

一场行动着的教育实验,正影响着一个个教师与学生的生命。

教师的成长方式在改变

在阅读、写作和共同体的碰撞中，新教育的教师感受着幸福的教育生活。

如果教师不快乐，学生能快乐吗？

走近新教育，记者感受最深的就是，教师的专业成长是新教育实验的逻辑起点——站在讲台中央的人，决定了教育的质量。

"现在，很多学校所有工作的重心是学生，实际上，学校管理的最核心应该是用教师的专业成长带动学校的发展，影响学生的成长。"朱永新说，"促进教师的成长，让教师体会到职业尊严，是新教育实验最重要的环节。"

四川教师郭明晓，便因一头撞进了新教育的世界，在即将退休的年纪，开启了颠覆式的教育生活。2008年的一天，郭明晓在一次报告会上，听到新教育的榜样教师讲起儿童阶梯阅读、讲起参与开发的儿童诗歌晨诵课程，她觉得自己就像"傻子"，不配当教师。

阅读是新教育最重要的活动基础。当郭明晓鼓起勇气走进新教育的世界时，她发现自己仿若获得了职业的新生。

2009年，是郭明晓的阅读生活死而复生的一年。"那一年，我读了无数的儿歌、童话、心理学著作，这让我的课堂不断变化，学生越来越认可。"

"让我收获最大的，就是对经典的反复咀嚼。"郭明晓说，"这让我不断思考哪一种教学方式最适合自己和学生。慢慢地，我发现自己思考问题的方式、与学生对话的方式都在潜移默化地发生变化。"她取网名为"大西洋来的飓风"，并心怀飓风一般扫除陈旧教育的理想，学生亲切地称她为"飓风老师"。2014年，她出版了自己的第一本著作《我是大西洋来的飓风》。

这样的例子，朱永新能举出太多，因为新教育的教师们幸福地拥有了"新教育教师专业阅读地图"：新教育用书目的形式，在充分考虑个体成长特殊性和序列性的基础上，构建了教师知识结构模型，不同水平、不同学科的教师分别知道该读什么、怎么读，以及如何用专业阅读服务实践。其中，强调对根本书籍的阅读，是强调恢复教师从根本问题出发思考当下问题的能力。

这只是教师成长的第一步。

经过多年探索，新教育实验摸索出"专业阅读＋专业写作＋专业交往"的教师专业发展"三专"模式。

写作成为继阅读之后教师成长的另一种方式。"一个人的专业写作史，就是他的教育史。"朱永新说。"这种写作没有功利色彩，只是记录教育生活的原生态，进行反思。"

2002年，朱永新在网上写了一篇文章——《朱永新成功保险公司启事》。文章写道："老师想成功吗？来我这里投保，保约只有一条，便是每天上网写自己的教育故事，十年后，如果你不成功，就拿着3600篇文章找我赔偿，以一赔十。"

没想到，很多教师真的应约"投保"了！

郭明晓自2008年投入新教育以来，给一、二年级学生上课期间，每个学期写作一二十万字。通过写作，她有意识地反思自己存在的问题并努力改进。她教过的学生开玩笑地跟她说："郭老师，以前怎么没给我开过这样的课？"郭明晓笑言："老师也是需要成长的嘛！"

就连校长也"投了保"。江苏省昆山市千灯中心小学原校长储昌楼，曾经的昆山市高中语文教研员，把昆山语文带到苏州领先的地位，居然坚决地要"改弦更张"，一心办一所"原汁原味的新教育实验学校"。2014年，来到千灯中心小学100天后，他便完成"储老师每日一谈"约15万字，记载了他的所思、所感、所行，并带动了全校教师，一起在师生共读共写中谱写幸福完整的教育生活。这些文字也收录在他的新书《教育点亮心灯》中。

在有的学校，同事间讳莫如深，一些渴望成长的年轻教师孤独地摸索。新教育实验在努力打破这种隔膜，形成对话的传统，在专业阅读、专业写作的基础上，借助专业发展共同体提升教师的专业化水平。

近年来，以新教育网络师范学院为基础的新教育专业发展共同体逐渐建立，共同体成员共同阅读、相互评议批注教育作品、听课议课、研究讨论问题等，成效显著。2015年9月2日晚上，来自全国各地的900多位教师参加了新教育网师的开学典礼。

科研是教师成长的另一载体。在这场教育实验里,教师的成长也因为科研范式的改变而精彩。

"这绝不是一种上不着天下不着地的科研,而是鲜活教育生命的科研。"朱永新说。这种科研有两个关键点:关注教室里发生的事、关注教师和学生的生存状态。

河南省焦作市解放区王褚乡中心小学教师齐家全就是在这种行动科研中收获了成长。齐家全的"发家"始于记录,用文字记录自己平凡的教育生活,用文字反思自己身处的教育情境。天道酬勤,近两年,他先后荣获第六届河南最具成长力教师、河南省教育厅学术技术带头人、全国新教育实验优秀个人、新教育实验2016年度榜样教师等荣誉。

就这样,新教育的教师在阅读、写作和共同体的碰撞以及教研中,感受着幸福的教育生活。

课堂的构筑方式在改变

学生想要的未必是学富五车的教师,而是拥有平等、民主、和谐、愉悦氛围的课堂。

一所学校做了一项调查:一位曾获全国"十佳师德标兵"的教师,课堂教学满意率竟不到50%!尽管学生肯定他的"师德与责任心"(93.4%)、"言行为人师表"(76.7%)……但是,"体现学生主体"的满意率仅为16.7%,"教学气氛活跃"和"表达简明生动"的满意率只有10%!

学生为什么不满意这位"十佳师德标兵"教师的教学?数据说明,课堂教学需要师生的沟通与互动。教师纵然有满腔热情,学富五车,但不一定能真正地走进学生的心灵。

新教育"十大行动"之一——"构筑理想课堂",正是指向创设拥有平等、民主、和谐、愉悦气氛的理想课堂。

参与度、亲和度、自由度、整合度、练习度、延展度,这是理想课堂关注的维度。"新教育还追求这样的课堂境界：落实有效的教学框架、发掘知识内在魅力、实现知识社会生活与师生生命的深刻共鸣。"河南省修武县第二实验中学校长薛志芳说，"这让我们既找到方向，又可操作。"

如果把教室比作河道的话，课程则是水流。

十多年来，新教育人研发了一系列课程。作为"十大行动"之一，"研发卓越课程"是指在执行国家课程、地方课程和校本课程的基础上，鼓励教师对教材进行二次开发和整合创造，通过课程的创新，使教室成为汇聚美好事物的中心。

新教育实验有一个项目叫"听读绘说"。郭明晓说，这个项目主要在一、二年级进行，是对低年级学生文字表达的替代。"听读绘说"通过学生的聆听、绘画和讲述，来表达自己的感受。在这个模式的指导下，一线教师研发出许多课程。新教育也为更多的学生提供了"儿童阅读阶梯""儿童写作阶梯"，对接儿童发展规律。

这只是卓越课程的冰山一角。卓越课程体系设计以生命课程为基础，以公民课程（善）、艺术课程（美）、智识课程（真）为主干，并以特色课程（个性）作为必要补充。

如果说生命课程主要是解决个体的健康与幸福问题，那么，公民课程则是解决作为社会人的权利、责任与义务问题。

在小学阶段，艺术教育更加具有独特的不可替代的作用。当记者走进昆山市千灯中心小学时，立刻感受到曲、乐、绘、笔、作、球的气息弥散校园，学校开设了昆曲、民乐等校本课程。全校建有艺体馆和各类专用教室13个。每天下午3点到4点半，精心搭建布置的舞台上，都有师生自发组织的表演，"整个教学都受到艺术的激发和带动"。

特色课程则是在特色上下大功夫。比如，一些学校探索了秧歌特色、书法特色等。

"不过，用特色课程来追求与众不同，在严格意义上是幼稚的。因为真正的与众不同是在常规性的事务上，拥有更为风格化的处理方式。"朱永新说。

这种常规性事务的与众不同，很大程度表现在智识课程上。它类似于通常所说的文理课程，主要包括语文、数学、外语、科学（或物理、化学、生物）、历史与社会（或历史、地理）等，这是新教育卓越课程的主干部分。之所以用"智识"的概念，是因为课程的根本目的指向形成统领知识的智慧和运用知识的能力。

"我们必须明确一个关系，智识课程是基于新课程标准，依据自己的理念和理解进行的具体落实。在智育上，我们是新课程的执行者，在地方政府选择具体课程内容的基础上，再进行深度开发，使之更完美地达到国家标准。"新教育研究院常务副院长陈东强说。

"当然，虽然新教育在课程上的探索有一定模式，但它仍然鼓励每个课堂都显示出不同教师、不同学生的个体特征。"郭明晓深有感触地说。

学生的生存状态在改变

教育要给学生一生有用的东西。好习惯的养成，会让学生受益终身。

教师的丰盈、课堂的改善，最终都作用在每一个学生的成长上。

在昆山市千灯中心小学，每天早上8点到8点15分，是学生与黎明共舞的晨诵时间。在霞光和诗意里，学生领略着母语之美。每天下午1点到1点20分，是学生的午读时间，在与教师的共读中，享受着彼此间传递的快乐和幸福。当一天的学习结束后，学生会进行暮省，写下自己学习生活的点滴，发布在班级主页，与小伙伴们一起反思一天的学习生活。

在很多新教育学校，学生一天的生活都是这样，从晨诵开始，以暮省结束。最近，经过16年打磨的《新教育晨诵》正式出版，面市一周就发行了35万册，受到广泛的欢迎。

当你走进更多的新教育学校，你还会发现，一进校门，一些与阅读相关的警句扑面而来："一个人的精神发育史，就是他的阅读史""今天，你阅读了吗""阅读，让师生精神起来"……学校里的一草一木也都被配上了诗歌，处处散发出人文气息。

在这里，每个师生都拥有自己的藏书架。班级里的图书柜，是学校最神圣的地方。和阅读有关的活动也丰富着学生的生活，学校的读书俱乐部、读书会很是热闹，有的学校还开设了阅读课。

这些学校里的学生，往往还要和教师共写随笔，经常参加学校组织的让人开阔视野的报告会，在课前大舞台上用三五分钟自信地演讲……

就这样，新教育营造书香校园、师生共写随笔、聆听窗外声音、培养卓越口才等行动，逐渐体现在与学生日日相伴的教育点滴中。

新教育同样重视学生的阅读。可以说，创造浓郁的阅读气氛，整合丰富的阅读资源，开展多彩的读书活动，让阅读成为师生日常的生活方式，是每一所新教育学校的起点，这便是营造书香校园。

师生共写随笔，是通过教育日记、教育故事和教育案例分析等形式，记录、反思师生的教育和学习生活，促进教师的专业发展和学生的自主成长，师生也因此获得心灵的交互与碰撞。

聆听窗外的声音、培养卓越口才，则是通过开展学校报告会、参加社区活动等方式，充分利用外部教育资源，引导学生关注社会；通过讲故事、演讲、辩论等形式，让学生养成良好的沟通能力和表达能力。

多年来，储昌楼一直在想，教育最应该教给学生什么？新教育实验探索的"每月一事"，让他的思考找到了更有支撑的着力点。

教育要给学生一生有用的东西。从2006年开始，新教育开始探索"每月一事"。一月，学生从吃饭开始，学会节俭；二月，学生从走路开始，学会规则；三月，学生从种树开始，认识公益……就这样，踏青（自然）、扫地（劳动）、唱歌（艺术）、玩球（健身）、问候（交往）、阅读（求知）、家书（感恩）、演说（口才）、日记（自省），以小见大的不同主题，贯穿学生的成长，浸润学生的心灵。

"我们学校有一门天天成长课，每月一个主题，每周一个小话题，就是为了培养学生的习惯、思维能力等。每个新教育实验学校的尝试并非完全按照统一模式，而是有着在核心理念指导下自由探究的空间，这样，每个学校都可以各美其美。"储昌楼说。

各美其美的探索中，昆山市千灯中心小学作为一所农村学校，就走出了自己的特色。2014年世界教育创新峰会上，由欧洲新闻台制作的主题教育纪录片 Learning World 向100多个国家和地区1500多名教育专家展示。其中，昆山市千灯中心小学作为中国的展示学校获得好评。峰会闭幕后，纪录片又在126个国家和地区进行专题播放。

学校的发展模式在改变

缔造完美教室、家校合作共育、建设数码社区……相互交融的行动，改变了学校的生态。

学校发展有很多模式、很多路径。新教育实验怎么去改变学校的发展模式？

实践中，这种改变是这样发生的：许多校长发现，还有比分数和考试更重要、更值得追求、更有意思的东西，如书香校园的建设。很多校长在思考，如何塑造自己的文化？于是，一种以过完整而幸福的教育生活为灵魂的文化建设展开了。

"新教育的理念和行动，可以改变学校的品位。"储昌楼说，"学校的重要使命是实现文化渗透、文化传承，播撒审美种子，修复文化基因。"不久前，储昌楼完成了该校的《"好学校"文化建设纲要（2015—2020年）》。

其实，新教育的每一个行动，都是相互交融的，共同促进学校发展模式的改变。

在新教育实验学校、江苏省海门实验学校附属小学高波老师的班上，有一个"完美教室"。他的班级有一个富有寓意的名称——"君子兰班"。"希望班上的学生都成为爱读书的绅士淑女。"高波说。他的班上，还有君子兰博客、君子兰书吧、君子兰银行、君子兰慈善……这正是新教育缔造完美教室行动的缩影。

更多推行新教育的教室里，还有着班级精神、班徽、班诗、班风、班级歌曲、班级名片、班训、班规、班级活动计划、班级公约……就这样，班级的价值体系、文化构建灵巧地实现了。在这样的教室里，班级文化的营造，读书活动的开展，良好习惯的养成，全人课程的确立，生命故事的叙述，促进形成师生的共同成长目的，这便是缔造完美教室行动。它在改变着教师，改变着学生，改变着教室，改变着学校。

不仅如此，家校合作共育行动也打掉了学校的围墙，改变着学校的生态。"十大行动"之一的建设数码社区，则助推学校内外网络资源的整合，通过建立教师学习型网络社区，让师生利用网络进行学习和交流，改变了学校的样貌。

就这样，一个一个学生，一名一名教师，一所一所学校，用一个个故事践行着新教育的目标。16年来，新教育实验从生发于学术的纸质梦想到个体的行动探索，进而有了3000所实验学校，实验影响遍及全国。

一群教育人的理想生根、发芽，与中国3000所学校的教育现实紧紧缠绕着，逐渐茁壮……

（原刊于《中国教育报》2016年11月15日，记者俞水）

回到教育最初的起点

——专访新教育研究院院长李镇西

他是一名普通的基础教育工作者——从教 36 年，长期从事中学语文教学并担任班主任，还是成都市城郊接合部一所普通中学的校长。他又不是一名普通的教育工作者——他以《李镇西教育作品》《爱心与教育》《做最好的老师》《给教师的 36 条建议》《做最好的班主任》《做最好的家长》等著作，影响了许多人；对教育的执着探索与思考，令他与吴敬琏、钱颖一、顾明远、周国平等知名专家一起，登上"中国教育三十人论坛"。当很多人面对教育困局束手无策时，李镇西以"能做一点做一点"的精神执着前行，而他的目标就是"让教育回到最初的起点"。学校就算没有"特色"，又有什么关系？

解放周末：您提倡"让教育回到最初的起点"。在您眼中，教育的起点是什么？换句话说，教育是为了什么？

李镇西：我经常看到一些教育项目通知或教育活动方案，开头往往这样写："为了贯彻落实教育部最近颁发的教育中长期发展规划，我们特举行这次活动……""为了贯彻落实×××领导在全国教育工作会议上的讲话精神，我们特召开这次……"给我的感觉是，我们现在所搞的教育，好像是为了某个精神、某个规划甚至某个文件，这样的思路是有问题的。这让我想起台湾作家张晓风。她一次送儿子去学校，看着儿子走进校园的背影渐行渐远，感慨万千，回到家里，写下一篇散文，其中有这么一段话："世界啊，今天清晨，我交给你们一个欢欣诚实又颖悟的孩子，多年以后，你将还我一个怎样的青年？"这一句发问，敲击着每一个有良知的教育者的心。我们的所有教育行为，不都是为了回答这位母亲的发问吗？也就是说，我们的教育就是为了千千万万母亲的孩子，就是为了我们每天面对的每一个孩子。这就是我们教育朴素的起点。

解放周末：您是怎么让您的学校回归"朴素"的？

李镇西：比如，你们看到在成都市武侯实验中学的校园里没有口号，没有标语，没有许多学校有的"校风""教风""学风"之类的横幅，也没有任何领导视察学校的照片，没有领导的题词等。我就想让学校朴素朴素再朴素，因为教育本来就应该是朴素的。但我们现在有些教育实在是太喧嚣、太华丽。有的校长脑子里想的总是"彰显特色""打造品牌""提升形象""扩大影响"……做了一点点事，我现在也没想那么多，就想让我们的教师认认真真上好每一堂课，认认真真教好每一个学生，认认真真带好每一个班。我呢，认认真真帮助每一个教师成长就可以了。真正把这四点做好了，学校就算没有特色，又有什么关系？我们学校也搞了一些改革，如课程改革、课堂改革、新教育实验等。但我们搞这些，不是为了"彰显特色""打造品牌""提升形象""扩大影响"……而是我们感到针对学生的实际情况需要这样做。也就是说，我们不是因为别人有"模式"，我们也必须有"模式"，或者为了树一面所谓的"旗帜"，或者为了"在当代中国教育界发出自己的声音"……这些我统统没想过，我们就是为了我们的学生。学生的需要，就是我们教育的出发点。我们并不缺新的教育理念，就缺一个字——做。

解放周末：您这位"统统没想过"的校长，当时受到业内的许多好评，也引起了争议。您怎样看待这种争议？

李镇西：很多勇于改革的校长都有争议。到目前为止，还找不到一位想做事的校长是没有争议的。教育本身是因人而异的，因时、因地也不同，就是在同一个地区，也会因不同文化环境而有不同的学生，所以，同样的教育方法可能在这里做得好，在那里就行不通。因此，同一种做法引起不同的评价很正常。每个校长只要能根据自己的实际情况，把学校办到他能够办到的最好状态，就是好校长。

解放周末：您觉得，好校长最需要具备的素质是什么？

李镇西：自由的心灵、执着的信念。虽然有时候你可能会妥协，可能说一些不想说、不得不说的话，但内心一定要有自己的坚持，要有自己的东西，这是最重要的一点。

解放周末：您不当校长后，很多学校还高薪请您去做校长，您却拒绝了。为什么？

李镇西：其实，我本身并不适合当校长。我说过，我是一个"业余校长"，我的行政能力较差。校长不仅需要教育理想，还需要协调能力，这方面我是很弱的。但因为我爱学生，做事认真，所以无论当教师还是当校长，也算有了一些成绩。2000年，我考入苏州大学，师从朱永新教授，攻读教育哲学博士，接触到新教育实验。从那时起，我就一直参与这个民间教育改革行动。现在，我负责全国的新教育实验，同时努力带出一批年轻人来。

解放周末：新教育到底"新"在哪里？我们怎么理解这个"新"？

李镇西：所谓"新"，并不一定是前所未有的东西。有一些理念，过去有人说，但是没人做，我们现在把它做起来，这就是"新"。比如，北京市十一学校的改革，全校4000多个学生，就有4000多份不一样的课程表，这是多么新的做法。但仔细想想，这种教育理念也不是新的，2000多年前孔夫子不就说过要"因材施教"吗？这种理念过去一直在说，但现在有人做了，这就是"新"。还有一些做法，过去也有人做，但是现在做得更系统、更细化，这也是"新"；有些做法在以前的时代做过，现在又增加了新的时代内容，这也是"新"。所以，新教育的"新"绝对不是横空出世的,而是与时俱进、推陈出新的,它的核心是让教育回归它本来的样子。

解放周末:在您看来,当下的教育已经偏离了正确的航道?

李镇西:从某种意义上说是这样的。如果原本丰富多彩的教育只剩下两个字——"刷题",教育就变得越来越畸形、扭曲,人们就渐渐忘记了教育的本来面目。其实,在中国教育界,很多教育理念并不新鲜,甚至耳熟能详,但是就缺一个字——做。比如,我们平时总是在口头上说,教育是为了孩子,但是我们究竟有没有把它落到实处呢?"为了孩子的一切,一切为了孩子",这是我们经常说的。但事实是怎么发生偏差的呢?为了孩子,我们办起了学校,设立了课程,搞起了教研;为了把教育办好,我们开始搞标准化,设定了指标,搞起了验收。到了这一步,教育开始变了味:为了验收,我们让学生弄虚作假;为了创品牌,让学生停课,搞演出。我们所搞的教育,渐渐不是为了学生,就这样慢慢发生了偏移。还有,我真看不出中国和美国的教育观念有什么本质上的不一样,都讲"以人为本""培养创造性人才"。我在美国看到,他们的每堂课都可以当成我们这里的所谓"公开课"——学生互动、讨论很热烈,这是他们的常态。我们的"公开课"看上去也很活跃,但是回到日常的教室里,还是教师在上面讲、学生在下面听。这不是理念的差别,而是行动的差别。幸福应该属于千千万万的普通教师。

解放周末:两年前,您成立了"李镇西博士工作站"。第一件事就是在网上招募一批对新教育实验感兴趣的年轻教师,响应的人多吗?

李镇西:挺多的。工作站主要面向成都市招收学员。我写的条件是:第一,富有童心,有高度的职业认同感;第二,对教育教学有较强的理解能力、研究能力、领悟能力和专业功底;第三,长期扎根在讲台与班级;第四,喜欢阅读;第五,能够耐住寂寞,不为世俗所动。最后招了20多位学员。我们的工作站不写计划,不写总结,也不需要考核。我每个月请一位名师、著名学者或教育家来开讲座、上公开课,教学员们怎样读书、怎样跨学科上课。我们还走出去,去北京等地考察走访学校。我不要求学员发表多少文章,不要这些世俗的东西,成长本身就是目的。我的目标绝不是培养全国优秀教师,我们只是希望更多的学生能有好的教师。

解放周末:以这种培养种子教师的方式来推广自己的教育理念?

李镇西:是的,新教育实验的抓手就是培养种子教师。教育改革有很多途径,如叶澜教授的新基础教育,抓手是课堂,通过改变课堂形态、师生关系来提升教育的品质。新课改也是一种途径,通过改变课程来带动教育改革。新教育实验的核心在于改变教师。在我们看来,课程也好,课堂也罢,只有教师改变了,才会发生真正深刻的变化。

解放周末:一所学校如果没有一批好教师,那是不可想象的。那为什么中国的教师普遍走不出职业倦怠感的包围?

李镇西:不只是教师的素质、能力不够,更是教师的职业认同出了问题。因为始终围绕"考试分数"这根指挥棒在转,学生在有些教师的眼中被分为三六九等:这个学生能考上好大学,这个学生能考上二本,这个学生什么大学也考不上。学生不是一个个人,而是一个个分数的化身,久而久之,怎么还会有教育激情?只有当教师从分数转而关注到学生的成长过程,并进入学生的心灵,他才会真正地爱上教育,体验到作为教育者的幸福。

解放周末:当教育者真正爱上教育,他们会产生怎样的改变?

李镇西:举个例子吧,成都市红牌楼小学的黄雪萍老师已经"奔五"了,有了她这个年龄应有的一切,包括职称、荣誉,家庭条件也很好。这样的教师在很多学校里都有,按说她没必要再努力、再奔什么目标了。但黄老师在接触了新教育实验后,自己照着要求做了起来,阅读、培训非常投入,最终改变了自己,获得了以前没有过的教育幸福感。我们工作站还有一位90后教师陈秋菊，是"马云乡村教师奖"的获得者。她在成都市乐至县的一所乡村学校当教师，离成都有 128 千米的路程，但每次都是第一个赶来听课。我的工作站又不是学历教育机构，她千辛万苦地跑来听课，一点都没有功利思想，只能说明她是发自内心想当一名好教师。

解放周末：他们从教师这个职业中感受到了对自己的认同。

李镇西：他们都发自内心地认为：我要成为一个幸福的教师，这是我给自己提的要求，而不是为了做课题、评职称，不是为了外在的名利。我当一个好教师，是为了我自己，不是为了别人，这就是职业认同感。所以，我经常说，幸福比优秀更重要。因为优秀与否是别人的评价，幸福与否则是自己的感觉。幸福应该属于千千万万普通教师。我们学校的蒋长玲老师在演讲时说过这样一句话："我并不领先，但我在行进；我并不优秀，但我很幸福。"如果每个教师都具备这样的情怀做教育，那才是真教育。未来的教育终会回到最初的起点。

解放周末：有人说，未来的教育会被人工智能取代，教师这个职业终会消失。您认可这种说法吗？

李镇西：问题的关键仍然在于我们怎样来理解教育。在如今很多人看来，教育就等同于刷题，就是传授知识。当然，传授知识是教育很重要的内容，在这方面，人工智能也好，机器也好，互联网也好，的确是有优势的。它可以减少教师的一些机械性劳动，把教师从大量烦琐、低效、重复性的劳动中解放出来，还能更新教师的教育手段。但是在我看来，人工智能只能完成传授知识、培养技能的具体工作。比如学习驾驶，通过人工智能可以进行模拟训练。又如补习培训学校，我从来不认为这些补习学校是在做教育，他们只是关心怎么在短时间内把学生的分数提高上去，这种工作也许人工智能是可以取代的。现在，有的教师是把自己退化成"机器人""智能人工"，眼里只见分数不见学生。那么，用人工智能取代他，不是很正常吗？这样的教师只会冷冰冰地传授知识，他们就应该有危机感了。然而，真正的教育、真正的教师永远都不会消失。

解放周末：您为什么会如此肯定？

李镇西：中国未来的教育会是什么样子？小微学校也许会比较普遍，学校大多会利用互联网进行教学，一个教师可能会教比较少的学生，而不是像现在有的班级有五六十个学生。虽然根据中国的实际情况，学校会各不相同，但有一点是肯定的：未来教育会更多地倾向于人的心灵的塑造，而不再是知识的传播。有人说，德育和传授知识可以分开，教师专门做德育，传授知识则由人工智能来完成。这种说法是完全不懂教育的。德育不是孤立存在的，它伴随在教学过程当中。人工智能虽然可以判断学生做的题是对是错，但学生做题时是不是紧张，他上课有没有发言，是不是自卑，这些它都不知道。在教学过程中，价值观的形成、情感的培养、知识的传授是融为一体的。教育伴随思想的养成，它是和灵魂打交道的事业。教师的一个眼神，一个微笑，可以带来不一样的效果。苏联教育家苏霍姆林斯基说过，学科知识的培养，也是塑造人格的一个组成部分，学知识本身不是目的，在学习的过程中，提升人的素质才是最终的目的。从这个角度来说，人工智能永远不可能取代教师。所以，未来的教育不管发展成什么样的形态，永远不可能是冷冰冰的知识传授和技能训练，它会更强调人的全面发展，也就是回到教育本来的样子，回到教育最初的起点。在古代，无论东西方，教育的本意就是人的引领，就是教你做人，因此，未来的终极教育还是会回到起点上去。

（原刊于《解放日报·解放周末》2018年2月2日，记者徐蓓）

后 记

这是一本全面介绍媒体报道新教育实验的书，也是2005年出版的《新希望工程——媒体眼中的新教育实验》的后续修订版。

2014年8月，恩师朱永新先生交给我一个任务，让我对新教育实验发起以来所有媒体报道的文章进行收集，并从中挑选出内容权威、思想深刻、见解独到、立场客观的文章，重新编选《媒体眼中的新教育实验》。

重新编选这本书，主要是基于如下考虑：一方面，由于2005年出版的《媒体眼中的新教育实验》一书距今已有十余年的时间了。在这十余年中，新教育实验又发生了很多变化，媒体对此也有诸多的新的解读，因而，有必要对其进行重新选编；另一方面，自2000年以来，新教育实验一直行进在社会关注和支持的目光中。为了让社会各界对新教育实验有一个全方位、立体、深度的总体把握，我们编选了这样一本以媒体为视角的全面反映新教育实验发展的书，供社会各界朋友参阅。

本书收录的媒体文章范围是自新教育发起（2000年）以来至今（2018年）的部分媒体报道。尽管编者穷尽所有技术手段，但由于时间久远、人事变动等，在资料的完整性上还留有不少遗憾，致使本书的编选受到一定的掣肘。

编写过程中，面对复杂繁多的材料，我立下了几条编选的原则。

第一，思想的深度和厚度。思想是文章的精魂。文章的质量高低，决定于思想的深度。编选时，对于一些重要文章，我着重反复研读，意图把握文章的精魂所在，从而找到说服自己选入的理由。这既是对自己负责，也是对读者朋友负责。比如，《南风窗》主笔章敬平先生的《新教育实验：一场对抗异化的教育实验》，从教育哲学的角度切入，审视新教育实验，的确是一篇很有思想力的好文。

第二，新意的思考和洞见。一是内容新。尽量选编此前媒体没有报道过的内容。二是角度新。一篇好的报道，必然是角度新意，能从不同的侧面，给读者带来不同的思考和耳目一新的感受。事实上，一篇报道要写出新意，并不是很容易的事，既不能流于形式，交差应付，又不能人云亦云。因此，我们在编选时，着力在"新"字上下功夫、做文章，着实费了一通脑筋。

第三，客观的立场和观点。采写这些报道文章的记者，他们来自不同的单位，持有不同的立场，秉持不同的观点，因而报道的文章也呈现出千姿百态。对于同一件事，有不同的解读。因为"有一千个读者，就有一千个哈姆雷特"，有一千个记者，就有一千个对新教育的不同看法。编选时，我们始终保持不偏不向的态度，尽量选编那些报道客观、最接近事实真相的文章。如此，读者朋友方能看到新教育实验的"素颜"和"真容"。

这本书不仅仅是新教育近20年来社会评价内容的简单梳理和陈列，其更重要的意义在于，为读者朋友全面了解新教育提供了一个新的路径，也是新教育人回眸的一面镜子。读者朋友可以通过本书了解社会是如何评价新教育的，新教育在社会历史发展过程中呈现出一种怎样的风景，新教育人通过这本书，可以明得失，知因果，善进退。

我深知，由于学识水平等因素，在编选这些材料时，难免有遗珠之憾。我们真诚欢迎读者朋友不吝指正，以便下次再版时加以改进。

本书的面世，我要特别感谢每一位师友的帮助！尤其感念恩师朱永新先生、原单位领导张丙辰先生的耐心指导；感谢我的师兄李镇西院长、许新海博士、张荣伟博士、何小忠博士、时海燕博士、邵爱国博士、卢峰博士的热心帮助；感谢卢志文先生、储昌楼先生、刘恩樵先生、童喜喜女士、李西西先生、蓝玫女士、杜涛先生、许卫国先生、范静女士等挚友的大力支持！你们的帮助，永驻我心！

余国志于北京朝阳

2018年10月8日

图书在版编目（CIP）数据

守望教育的田野：新教育的理想和行动 / 余国志编著. —上海：华东师范大学出版社，2020
ISBN 978-7-5760-0821-0

Ⅰ.①守... Ⅱ.①余... Ⅲ.①中小学教育—教育改革—研究—中国 ②新闻报道—作品集—中国—当代 Ⅳ.① G639.21 ② I253

中国版本图书馆 CIP 数据核字（2020）第 169029 号

大夏书系·新教育实验文丛

守望教育的田野
——新教育的理想和行动

编　　著	余国志
策划编辑	李永梅
责任编辑	任媛媛
责任校对	殷艳红　杨　坤
封面设计	奇文云海·设计顾问
出版发行	华东师范大学出版社
社　　址	上海市中山北路 3663 号　邮编　200062
网　　址	www.ecnupress.com.cn
电　　话	021-60821666　行政传真　021-62572105
客服电话	021-62865537
邮购电话	021-62869887　地址　上海市中山北路 3663 号华东师范大学校内先锋路口
网　　店	http://hdsdcbs.tmall.com/
印　刷　者	北京密兴印刷有限公司
开　　本	700×1000　16 开
插　　页	1
印　　张	15.5
字　　数	220 千字
版　　次	2020 年 10 月第一版
印　　次	2020 年 10 月第一次
印　　数	6 100
书　　号	ISBN 978-7-5760-0821-0
定　　价	49.80 元
出 版 人	王　焰

（如发现本版图书有印订质量问题，请寄回本社市场部调换或电话 021-62865537 联系）